秋叶 特训营

视觉笔记 7堂课

李萌 著

人民邮电出版社

北 京

图书在版编目（CIP）数据

视觉笔记7堂课 / 李萌著. -- 北京：人民邮电出版
社，2020.12
（秋叶特训营）
ISBN 978-7-115-54682-1

Ⅰ. ①视… Ⅱ. ①李… Ⅲ. ①学习方法 Ⅳ.
①G791

中国版本图书馆CIP数据核字(2020)第178614号

内 容 提 要

本书以 7 堂课的形式，系统总结了视觉笔记的制作方法，不仅讲授画图技巧，而且教给大家一套系统思考的方法，包括入门、图像、输入、结构、构图、呈现、应用 7 个部分。本书所讲述的内容可操作性强，从画图基本功到视觉笔记多元化的实践应用，用实例、图示、插图展示了大量操作细节，帮助读者理解和记忆知识点，能切实引导读者通过记录视觉笔记提高学习效率，打造自身的职场核心竞争力。

希望本书能够帮助阅读者：在学习的同时高效记忆知识，掌握一个学习利器；做出美观、传播性更强的视觉笔记，满足分享欲；树立独特的视觉化标签，提升个人影响力；学会用视觉思维解决各种问题，在竞争中脱颖而出。

◆ 著　　　　李　萌
责任编辑　李永涛
责任印制　王　郁　马振武

◆ 人民邮电出版社出版发行　北京市丰台区成寿寺路 11 号
邮编　100164　电子邮件　315@ptpress.com.cn
网址　https://www.ptpress.com.cn
北京瑞禾彩色印刷有限公司印刷

◆ 开本：700×1000　1/16
印张：15.25　　　　　　　　2020 年 12 月第 1 版
字数：260 千字　　　　　　2020 年 12 月北京第 1 次印刷

定价：79.80 元

读者服务热线：(010)81055410　印装质量热线：(010)81055316
反盗版热线：(010)81055315
广告经营许可证：京东市监广登字 20170147 号

PREFACE

前言

你为什么会对视觉笔记产生兴趣？是因为视觉笔记好看，可以配图？还是因为学习需要，用图像辅助记忆？尽管与视觉笔记结缘的方式有所不同，但是越接触，越使用，我们就越能感觉到：原来之前看到的视觉笔记的好处，只是它真正价值的冰山一角。

以我自己为例，最初开始学习视觉笔记只是因为兴趣，享受每次展示出视觉笔记后大家的赞誉声。渐渐地，我发现它还能帮助轻松记忆晦涩、枯燥的知识。现在视觉笔记已经成为我解决各种问题的思维工具。

把两天的培训内容画成一张复盘图，使知识点牢记于心。

文章写得人枯燥，无人问津，配上手绘图解后阅读量猛增。

与人沟通时，用一张图向别人解释其听不懂的问题。

将晦涩难懂的专业报告转化成有趣、形象的视觉报告，变身职场万人迷。

这感觉就像恋爱了，起初只是肤浅地迷恋对方帅气的外表，结果却发现他原来是个"宝藏男孩"。所以我经常会感叹：自己一定是上辈子拯救了银河系。

视觉笔记就像一种神奇的药水，与任何事物融合都会发生意想不到的化学反应。这是因为，比起画图，视觉笔记更是一种独特的思维方式，它能帮助我们加工看到、听到的信息，让眼睛、耳朵、大脑和手通力合作，如精密的仪器一般，创造出非常多的可能。

所以，这本书不会只讲画图技巧，而是想教给你一套系统思考的方法，从如何筛选内容、熟悉信息的逻辑到视觉思维的应用。在每一个小节中，我都制作了丰富的手绘图，除了能帮助你理解和记忆知识点，也希望你能从中找到儿时阅读绘本时的愉悦感受。

本书的设计初衷在于，帮助那些不敢拿起画笔的视觉笔记新手逐渐成长为一名把画图与工作、学习和生活紧密结合起来的视觉笔记高手。以下是本书的学习地图。

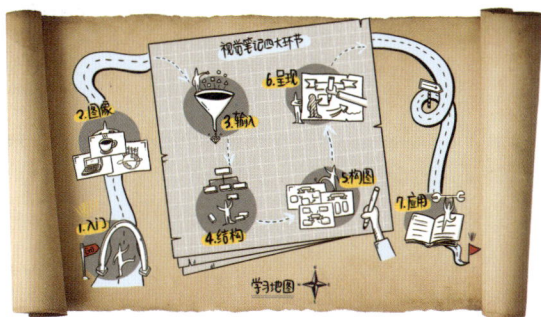

第 1 课，带领视觉笔记新手入门。我们将一起了解什么是视觉笔记、做视觉笔记的"五大基础图形"以及简单的"视觉 7 步法"，让没有任何绘画基础的人也可以轻松做出一篇视觉笔记。

第 2 课，开始练习画图基本功。你将会使用"简单图形画法"画出以前难以驾驭的图形，还能掌握文字转化图形的套路和隐喻这个"魔法棒"，做出有温度的视觉笔记。

第 3 课，高质量输出的基础是有选择的输入。做视觉笔记时，我们首先要在阅读和聆听时做好信息的筛选和过滤，这样才能抓住关键内容加以呈现。

第 4 课，整理过滤后的信息，让它们结构清晰。信息输入大脑后，如果只是把它们罗列在笔记中，它们就还处于杂乱无章的状态。所以我们需要在大脑中迅速形成一张信息结构图，识别信息块之间的关系，使笔记更加结构化。

第 5 课，学习构图的方法。很多人在做视觉笔记时，面对一张空白的纸不知道该如何下笔，这一课就给大家多种视觉构图模板的选择，让你可以轻松下笔。

第 6 课，视觉笔记的呈现技巧。经过前面的学习，你已经掌握了信息筛选、结构梳理和构图的方法，此时你不用再照猫画虎，而能轻松驾驭多种视觉呈现技巧，做出更具高级感的视觉笔记。

从第 3 课到第 6 课，正是对视觉笔记四大环节"输入信息—结构思考—构图规划—视觉呈现"的分步详细拆解。

第 7 课，视觉笔记的多元应用。我们可以把它用在工作、学习、生活的方方面面，随时拿起视觉武器帮助自己成为更好的人。

现在就让我们开启一段全新的视觉旅程吧。希望这本书能够成为你的视觉思维成长手册，帮助你一路披荆斩棘。我在下一个路口等你。

目录 CONTENTS

3 输入 学会提炼过滤，才能告别信息冗杂

4 结构 启动结构思考力，让笔记逻辑清晰

5 构图 用模板布局，让人一眼看到重点

1 入门

不会画画的新手也能轻松起步

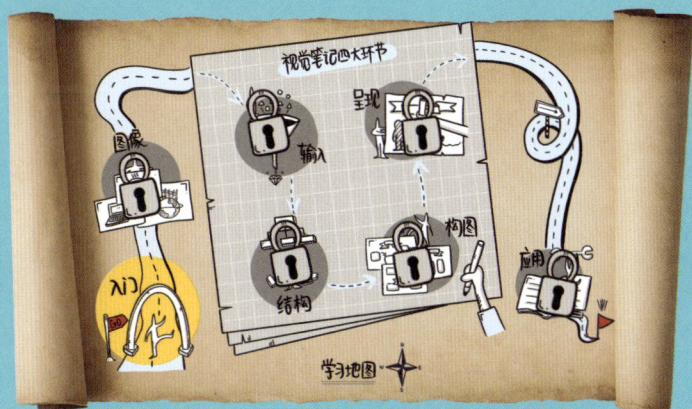

对于视觉笔记新手来说，在学习之初总会有以下疑虑。

"做视觉笔记是不是就是画画啊？"

"视觉笔记是只有美术专业的人才能做得出来的吗？"

"我是零基础新手，是不是学不会做视觉笔记呢？"

做视觉笔记并不是画画，它是每个人都可以掌握的思维整理"神器"。我们在做视觉笔记时，画清楚比画漂亮更有价值。

本课将带领视觉笔记新手迈进学习大门，了解视觉笔记的真相，你会发现即使是零基础的新手，利用简单的"五大基础图形"和"视觉7步法"也可以轻松上手，做出一篇结构清晰的视觉笔记。

1.1

我们为什么要学习视觉笔记

1.1.1 视觉笔记原来是"思维神器"

曾经我的一个朋友参加公司的竞聘演讲，他提前用视觉笔记的形式画了一张"我可以提供的价值"的大图。在那次竞聘发言中，他把图贴在三脚架白板上，配合图上呈现的内容向听众阐述自己的优势和价值。

考评者被他独特的形式和精彩的内容深深地吸引了，在 30 分钟的竞聘演说中，大家全神贯注地听他讲述，没有任何人打开手机或走神。在最后的提问环节，公司领导特别提出，可以将他在演说中使用的这种视觉化的展示形式运用到对公司客户的产品演示中。可想而知，他的这次竞聘演讲大获全胜，他在升职的同时还获得了与大客户对接的机会。那次以后，他还受邀在公司内部进行了视觉思维的系列培训，从此职场之路越走越顺。

朋友就是运用了这种创新的视觉化呈现形式——视觉笔记，帮助自己在职场竞争中脱颖而出。视觉语言往往能构建出一幅直观的视觉地图，我们自己可以更好地诠释信息，他人也能更清晰地理解信息。

除了汇报展示，相信很多职场人还会遇到下面这些问题。

（1）听课、培训的时候认认真真做了好几页笔记，但是回家后发现什么也没记住。

（2）读完一本书后，好像收获满满，但想要转述给别人时却一句也讲不出来。

（3）跟领导、同事沟通工作，说了半天对方也听不明白，总是不能达成共识。

你可能觉得是自己的记忆力和表达力出了问题，但其实只是缺少了"视觉笔记"这个创新工具。

看看以前你记的笔记就知道问题出在哪儿了。大多数人记笔记时抱着的想法是：老师说的都是重点，一定要全部抄下来。但这种简单复制并不能帮助思考，所以无论你在听课时多么努力地奋笔疾书，能记住的知识点寥寥无几。而且线性笔记密密麻麻的全是文字，让人根本看不到重点。甚至有很多笔记记完以后，我们就扔在家里再也没有打开过。这样的笔记记得再多也没有价值。而视觉笔记因为加入了图像信息，就能够更好地帮助我们记忆内容、理解知识、表达信息。

线性笔记　　VS　　视觉笔记

所谓的视觉笔记，是将信息进行提炼整理，并用图像与文字结合的方式呈现的笔记形式。它可以说是高效能人士必备的"思维神器"。

视觉笔记能够帮助我们进行高效的知识输入与吸收。每当回顾视觉笔记时，视觉图像能唤醒看书或听课时的感受和细节记忆。比如下面这张图，正是我读完《能力陷阱》后绘制的，不仅有关键的文字信息，而且配合图像和清晰的思维脉络，会让我的记忆非常深刻。

也许此时的你心里会想："视觉笔记虽然有趣又实用，可是我又不会画画，我还是更习惯做纯文字的线性笔记。"那么请你思考一下我们记笔记的真正目的是什么。通常来说大家记笔记是为了以下 3 点。

（1）记忆知识。

（2）强调重点。

（3）方便日后复习。

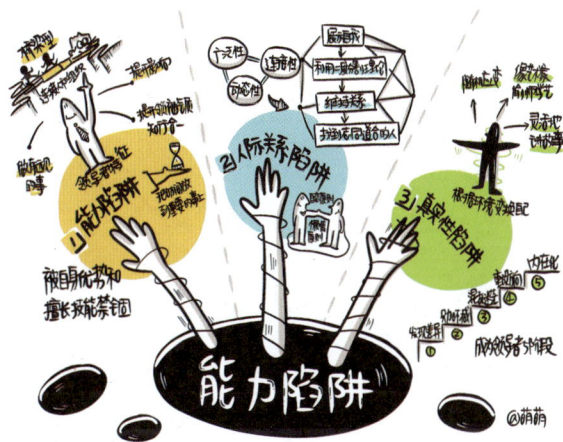

视觉笔记能更好地满足这 3 个目的，相对于传统的线性笔记来说，视觉笔记具备以下 4 大好处。

一、促进思考记忆

视觉笔记更有助于记忆知识其实是有科学依据的。在人们的大脑中，有 1/3 的神经元是用来处理视觉信息的，还有 1/3 的神经元同时处理视觉信息和其他感官信息，剩余 1/3 的神经元处理剩下的各类信息。那么和文字识别以及语音交流相比，视觉信息的功能更强大。对于人类的大脑来说，喜爱的传播方式不是文字，而是图画。

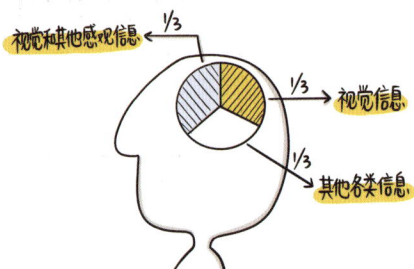

所以如果我们只用文字、语言进行学习输出，大脑就会有大于 1/3 的部分没有被激活，效率就会很低。

视觉笔记因为加入图像信息，可以让我们更充分地利用大脑来思考和记忆知识内容。在做视觉笔记的过程中，大脑会高速运转，你会非常专注地阅读内容，提炼信息，然后进行结构梳理，并想办法把每一部分进行视觉化呈现。这样笔记做完了，所有的知识点也记下来了，效率超高。

有一个著名的 TED 演讲，演讲者格雷厄姆·肖（Graham Shaw）在大白纸上画了 7 个编号，并用线条指向不同的物体图像。画完之后，格雷厄姆·肖做了一个关于记忆的实验，他将画有图像的这页纸翻转过去，用一张只有编号的空白纸来向大家提问。令人惊喜的是，在场观众通过短时间的图像记忆，轻松记得所有编号所对应的物体还有位置。

所以在学习时画图是一种很好的记忆方法，你会发现现在孩子的很多课本和练习题也加入了大量图像，这就是运用了视觉思维能够促进学习的特点。

二、帮助理解信息

在记笔记时，我们有时会遇到一些专业、难懂的词汇，即使知道了文字描述仍然不懂意思。举个之前碰到的例子，"幸存者偏差"一词。

"幸存者偏差"的定义是：以被筛选过的结果为样本来分析规律，分析结果通常存在偏差。

看了这个定义后很多人还是会一头雾水，但如果我们能结合图像信息构建场景将其表达出来，对于"幸存者偏差"的理解就轻松多了，如下图所示。

在工作和学习中，我们经常会遇到一些抽象难懂的知识，视觉笔记可以跨越文化、领域和认知背景，让我们轻松地理解知识。

三、突出逻辑重点

以前我们记录的线性笔记都是文字的堆砌，一记就是几大篇，翻到哪里"长"得都差不多，很难一下子看到知识的结构和重点。为了解决这个问题，有人会用荧光笔将重点文字涂上颜色，但这并不能解决根本问题。

视觉笔记通常用一张纸即可呈现。在记录时我们会进行信息提炼、结构思考，并运用图形框、引导线等元素构建笔记的逻辑层级，重点信息和知识点之间的内在逻辑一目了然。

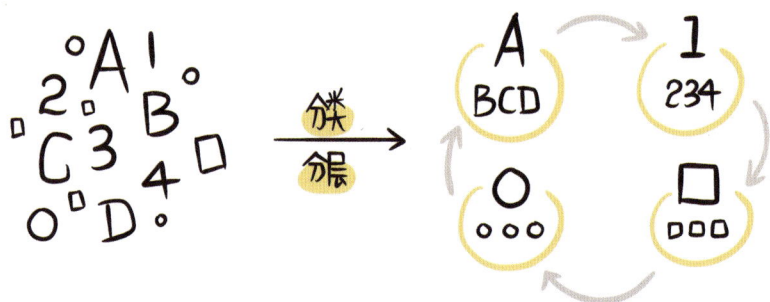

这张图就是很好的说明，我们做视觉笔记的过程如同在给信息赋形。杂乱、繁多的信息经过分类、分层，变得结构清晰、重点突出。

四、提升复习兴趣

或许是因为上学时死记硬背的灰色回忆，在很多人的心里，复习笔记是一件枯燥且痛苦的事情。但视觉笔记因为加入了图像信息，笔记形式轻松、有趣，让复习的过程充满乐趣。我经常会把记录好的视觉笔记分享到学习社群中，很多朋友会保存并用这张图帮助自己复习知识。与此同时，我们也会在群里探讨记录的信息内容。

我家里存放着很多写满视觉笔记的本子。有一次朋友带着孩子过来做客，在我们聊天时，朋友的孩子居然一个人捧着那些色彩斑斓的笔记本津津有味地看了一个多小时，这个举动让他的妈妈都感到震惊。可见视觉笔记不仅能够提升成年人的学习乐趣，还可以激发孩子的学习兴趣。

我们记笔记是为了记忆知识、强调重点、方便日后复习，视觉笔记则有助于实现这三大目的。

不过说到视觉笔记图文结合、梳理思路的这些特点，就不得不提及思维导图。在生活中也经常有人把视觉笔记说成思维导图，这两者有什么区别和联系呢？

思维导图又叫心智图，是表达发散性思维的有效图形思维工具。它运用图文并重的技巧，把各级主题的关系用相互隶属与相关的层级图表现出来，把主题关键词与图像、颜色等建立记忆连接。

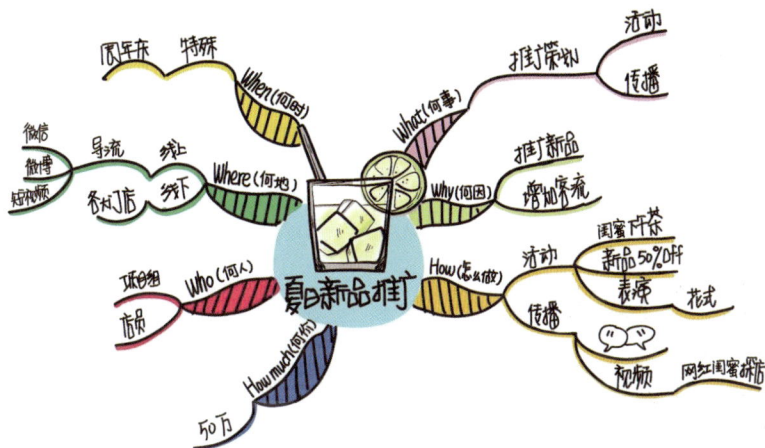

从定义来看，思维导图和视觉笔记确实有很多相似之处，都是通过图像、文字的结合来帮助梳理思路、记忆知识，而且思维导图也强调信息的层级和隶属关系。

思维导图更注重发散和梳理。在发散时，可以让大脑来一次头脑风暴，联想到很多创意，适合创意构思的工作。在梳理时，则可以通过分类、分层，帮助厘清思路。但因为思维导图上写的都是关键词短语，所以很多思维导图就只有自己可以看懂。视觉笔记则是根据不同的场景选择构图模式，记录的是重点文字、句子，自己和他人都可以看懂。

我更愿意把思维导图看作视觉笔记中的一种形式，我们在第 5 课会讲到，视觉笔记的版式结构非常灵活，比如线型、路径型、放射型、模块型均可。而思维导图必须从中间图像向四周发散分支，是固定的放射型结构。

这两个工具没有哪个更好，在不同的场景下，可以选择适合自己的工具来呈现信息。我一般会在构思创意时使用思维导图，比如构思方案、为文章搭框架的工作。一旦要输出成品时，则会选用视觉笔记去呈现信息。

1.1.2 学习、工作、生活中的视觉笔记多元应用

视觉笔记就只是笔记吗？不是！

在《秋叶特训营·高效学习 7 堂课》这本书中，作者秋叶老师提到过学习的"迁移力"，意思是：学习只是起点，高效学习者要把学到的知识迁移到不同的领域。对于视觉笔记来说，当我们把它应用到不同的场景时，就出现了"视觉自我介绍""视觉策划案""视觉流程图"等多种形式。

如果你懂得活学活用、触类旁通，你会发现视觉笔记的价值超乎想象：它不仅可以帮助我们厘清思路、记忆知识，还能解决工作、学习、生活中的各种难题。

那么视觉笔记都有哪些实际应用呢？我们来一起扩展下思路。

一、学习场景

视觉笔记基础的应用是在学习场景中，无论是线上的音频课、视频课，还是线下的培训，都可以边学边做视觉笔记，用这种方式帮助理解、记忆和梳理知识。例如我在上"影响力导师班"的线下培训课时，将课程内容做成了视觉笔记。

除了听课，读书也是很好的学习输入方式，但很多人都有书读完了却记不住、忘得快的问题。因为大家会选择在重点句子下画线、抄句子等方式记忆书籍内容，这些做法只会让人产生"已经记住了"的错觉，实际上很快就会忘记。

学习必须要经历从输入到输出的闭环，做笔记就是一种很好的输出方式。我身边有很多视觉笔记践行者，每读完一本书就会画一张笔记图。本来线性的书籍内容，在视觉笔记中变得结构清晰，知识关联一目了然，信息因为图形化也变得直观、立体。

以后想要复习书籍内容时，只要拿出这张图，就能立即唤醒对书籍内容的记忆，所以说视觉笔记是帮助阅读的有效工具。

下图是我之前做的《财富自由之路》的读书笔记。这本书很特殊，没有明显的章的划分，全书分成了 50 个小节。在做视觉笔记时，我自己总结出了这些小节之间的内在联系，把内容分为操作系统、个人商业模式、成长和投资四大部分。在呈现时，又将所有模块用一条道路串联。

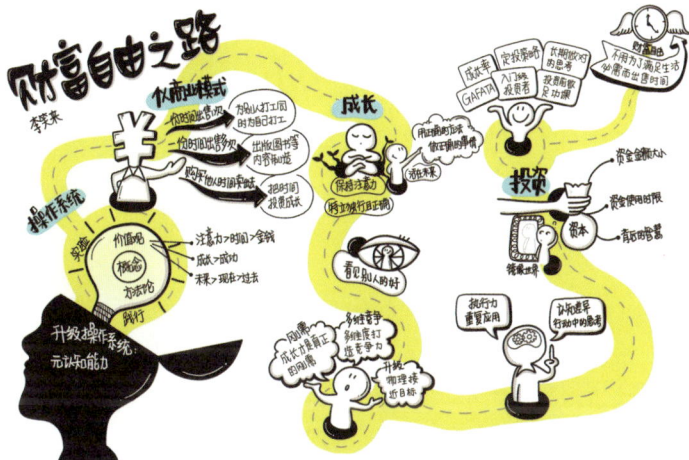

在画图之前，书中的内容对我来说还是零散的信息砖块，做完这篇笔记后，砖块就已经被搭建成知识的砖房了。你也可以在读书后尝试画出视觉笔记，这样对书籍的思考就能更深刻。

二、工作场景

也许你还没有意识到，视觉笔记在工作场景中的应用可以对我们的职业发展产生巨大的影响。就像开头提到的那位朋友一样，用视觉笔记给自己加分。

在日常工作中，很多文件都可以用视觉笔记的形式呈现，比如会议纪要、汇报文件、项目策划案等。

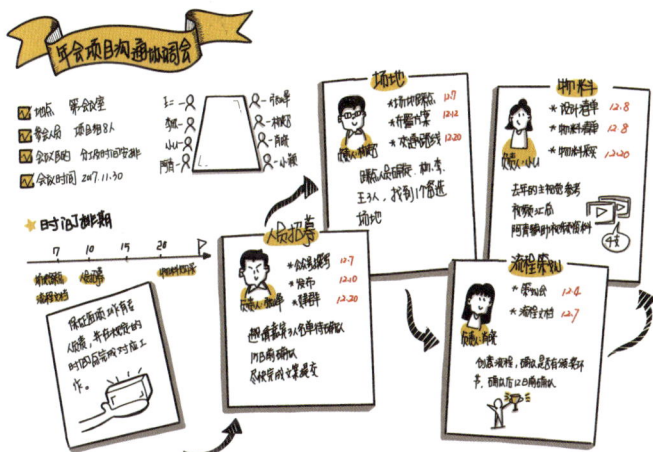

可能有人会担心视觉笔记在文件满天飞的办公室中显得格格不入，但现在已经不是墨守成规的时代了，正是这种创新精神才能让你在人群中脱颖而出。

我的很多合作伙伴都是视觉思维践行者，其中一个朋友在一次重要的商业竞标中放弃使用传统的文字策划书，而选择用图文结合的方式绘制了一份视觉化的商业策划案。当看到客户惊喜的眼神时，他就知道自己赢得了优势，随后配合着精彩的讲解，他顺利拿下了这个重要项目的订单。

如今的职场竞争非常激烈，大家在专业领域的技能相差不大，最多就只有 100 分。但掌握了视觉思维的我们就像是打开了一个新的维度，在两个维度上，哪怕各自只有 80 分，面积就已经达到 6400 分了。虽然这些数字只是一个"意向"，但足以说明视觉思维可以帮助我们在职场中脱颖而出。

在国外，视觉化的呈现手段其实已经在企业中运用得非常普遍，他们甚至会使用视觉会议的形式进行团队沟通。也就是在开会的过程中，用一张大纸呈现出会议的进程以及参会人员的想法，或者在会议中加入视觉元素和互动环节设计，让本来枯燥、无聊的开会过程变得轻松而又高效。

这些工作应用与做视觉笔记的原理相同，都是把信息进行提炼整理，然后用视觉化的形式呈现出来。在使用中你会慢慢跳出惯性思维的牢笼，跃迁成为有特色标签的职场人。

三、生活场景

对视觉笔记爱好者而言，画图是一种生活方式，在这个纷繁复杂的社会中，绘画能够让我们找回内心的宁静，专注于当下。

我们可以把平时的生活日志、生活感悟、做某件事情的流程视觉化地呈现在纸上，这会让我们找到生活中的小确幸，享受专一的状态。

　　举个我的真实例子，节假日大家都会给亲朋好友发送祝福短信，如果只有文字信息就毫无特色。下图是我在 2020 年元旦当天绘制的祝福卡片，我当时是这样想的：辞旧迎新之际，人们不免感叹时光飞逝，2019 年的一切已经刻为内心永恒的年轮，是我们的积累和沉淀，新的一年愿我的朋友可以长成参天大树，收获满满。选择用橙色的半圆做背景，则象征着太阳在缓缓升起，带来希望。朋友看到这个我亲手绘制的祝福卡片后都感受到满满的情意。

　　学会做视觉笔记后，你也可以运用图像思维制作自己的专属视觉卡片，在节假日、亲人朋友的生日时传递一份独特的祝福。

我还认识一些职场妈妈，她们学习视觉笔记不为别的，只为可以记录孩子的成长，通过画图的方式做好亲子沟通。因为孩子不喜欢听唠叨，但却总是喜欢图画，画图沟通能更好地走入孩子的世界。

学习技能要像水一样，能适应环境，我们把水放在什么样的容器里，它就成了什么样子。对于视觉笔记的学习实践，上面只列出了其中一小部分，更多的应用需要你结合自己的工作、生活去探索，把视觉笔记的精髓放到各式各样的容器中。

1.1.3 我不会画画，能学会做视觉笔记吗？

经常有人问我："视觉笔记是只有专业画画的人才能做得出来的吗？零基础的新手有希望学会吗？"

我发现很多人会把视觉笔记与"高大上"的艺术联系在一起。一说起画画，大家脑子中立马会浮现出凡·高、毕加索、达·芬奇这些名字，从而对视觉笔记敬而远之。

我想跟你们说的是，不要把视觉笔记想得太过高深，相信你一定玩过"你画我猜"的游戏，给你一个中文词语，你要想办法把看到的词语用画画的形式表现出来，并让别人猜出你画的是什么。

因为这是个游戏，你肯定不会想"我画不出好的作品怎么办"，而会想"画出什么特征才能让人更好理解"。举个令我印象深刻的例子，一个玩家抽到的词是"嫦娥"，结果迅速画出月亮和兔子的造型；抽到了"光棍"，就写了个"11.11"，大家瞬间就懂了。

很多人画得并不好看，但却能够让人很快就懂其含义，这也就是画图在视觉笔记中的意义所在——表达内容。

所以，你能玩"你画我猜"，就可以做好视觉笔记。

如果你还是很忐忑，认为画不好图就登不上台面。不妨来看看视觉大师丹·罗姆的作品，他推崇用简单的火柴人和基础图形表达信息。

这些图一定颠覆了你对视觉大师的认知，但丹·罗姆就是通过将方块、圆圈、火柴人、箭头这些简单的图形元素进行组合，解决了一个又一个商业难题。比如，对于 2008 年微软为何尝试斥资收购雅虎的问题，当大家都淹没在铺天盖地的新闻中时，他则用一个简单的多重变量图分析出了背后的原因。

做视觉笔记的精髓就是不用画得很好，而是运用简单的图形元素去表达信息，这是每个人都可以轻松上手的事情。

很多看过我作品的人会认为我一定是美术专业毕业的，才能把图画得那样清晰、美观。但是不瞒你说，我是个毫无美术学习背景的视觉思维践行者，除了小学时上过美术课外，就没再做过专业的美术学习。在刚刚接触视觉笔记时，我跟你有过同样的担心，但现在做起来已经得心应手了。如果你不满足于画简单的图形，通过后续的练习也可以成为不错的画手，我能做到的事情，你也可以做到。

希望画功得到提高是好事，但还是要特别强调一点，做视觉笔记不是画画，我们做视觉笔记的核心目的跟记线性笔记没有差别，是记录知识、信息和想法，防止自己把知识点忘记。而画图就是为了帮助我们更好地思考、记忆和理解内容。所以在视觉笔记中还是应以内容为主，画得清楚比画得漂亮更有价值。任何事情，明确了初心才能找准努力的方向。

通过多年的实践，我总结了学习视觉笔记的三大信念，希望即将开启视觉之旅的你先把这 3 个信念内化于心。

1. 做视觉笔记，不需要天赋

实际上，我们已经被"天赋"这个词耽误很多年了。有研究显示，在某方面做到杰出的人并非天赋异禀，而是因为他们进行了大量的刻意练习。

比如莫扎特 7 岁环欧洲旅行演出，能演奏多种乐器，还具备完美音高，被认为是个不折不扣的音乐天才。然而他的成就却并非全因天赋。莫扎特的父亲是一名音乐家，培养出了钢琴演奏家的女儿，后来则更加用心地训练莫扎特，使他在极小的年级就得到大量且有目的性的练习，这才使他获得了诸多音乐成就。

不光是莫扎特，我们在电视上看到过的很多"最强大脑"，他们能记忆一大串的数字，这也不是天赋表现，而是通过训练达成的。

所以如果你想成为一个能随心所欲画出心中所想的人，不需要担心天赋的问题，只要按照后续书中介绍的方法一步一步操作即可。更何况做视觉笔记并不需要画得多么逼真，我们只需要通过很简单的图形元素即可表达信息。

2. 做视觉笔记，画就完了

关于如何才能做到熟练掌握视觉语言，这个具体过程很难用文字表达出来，就像你学骑自行车一样，教你的人也只会说"你只要骑上车，脚踩踏板，保持平衡就好了"，至于如何保持平衡则是一种感觉，那是一种只能意会不可言传的感觉。

画图的过程同样如此，虽然在后面的章节中会教授大量套路、方法，但是视觉思维的突破可能就是一瞬间的事情。在学习初期，你不要在意完美表现，大胆开始就好了。大多数技能都是在不完美的尝试中学会的，做视觉笔记也不例外。

很多人会担心自己画得不好会被人嘲笑，就像第一次骑自行车时怕摔倒在地一样，但只要勇敢踏出这一步，就已经成功了大半，因为惯性会让你的进步停不下来。

3. 做视觉笔记，做幸福型的学习者

根据学习中快乐和努力的程度不同，我把学习者的学习心态划分为以下 4 种。

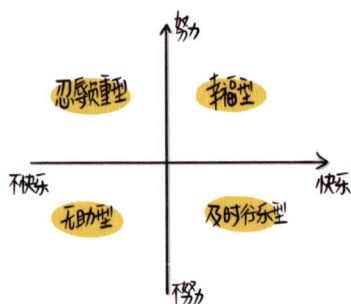

第一种：及时行乐型学习者。

这种学习者喜欢逃避痛苦，不愿努力，学着学着就放弃了。

第二种：无助型学习者。

这种学习者认为自己没有天赋，不管怎么努力都没办法成为厉害的人。

第三种：忍辱负重型学习者。

这种学习者不断努力，咬牙坚持，认为达成小目标后一切都会好起来。

第四种：幸福型学习者。

这种学习者既为目标而努力，又懂得享受当下的美好。

很显然我们不应该做第一种和第二种学习者，然而很多人却喜欢做第三种学习者，他们认为一定要刻苦努力、咬牙坚持才能学好某项技能。

我希望抱着这种学习心态的朋友能够找到努力与快乐间的平衡，成为幸福型学习者。因为做视觉笔记是一件很快乐的事情，我们既可以锻炼自己的思考能力，又能激发无限的想象力，一定不要让努力、刻苦占据大脑的全部，那会夺走你宝贵的创造力。

当然，在学习做视觉笔记的过程中，你可能会遭遇挫败，有时候会很着急看到自己的进步，有时候会情不自禁将自己的作品跟别人的作品进行比较，产生焦虑感。这种念头产生的时候就接纳它，然后把焦点转移到当下在做的视觉笔记练习中，一旦进入专注的学习状态，就能听得更清楚，思路更清晰，下笔如有神。

视觉笔记的转变在于扭转思维方式，刚开始你一定会不太习惯。但是任何改变都是从不习惯开始的。

1.2

5 大基础图形：为你开启视觉之旅

我们学英语时的一大困惑，就是背单词。将所有的单词全部背下来不太现实，在时间有限的情况下，很多人会选择背诵和理解那些考试的高频词汇，这样就可以做出大部分考题。

所谓的高频词汇就是在考试中出现的频次较多的词。那么在视觉语言中，有没有"高频词汇"呢？

答案是肯定的。视觉语言有 5 个非常高频的图形元素，我们只需掌握这五大基础图形就可以做出好看又好记的视觉笔记。

以下是我所说的五大基础图形。

（1）飘带。

（2）图形框。

（3）箭头。

（4）项目符号。

（5）小人。

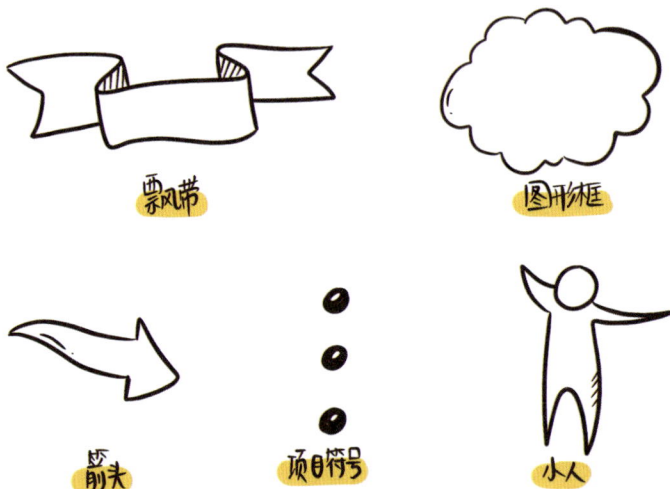
飘带

图形框

箭头

项目符号

小人

接触过视觉笔记的人应该对这 5 个图形并不陌生，我们随意拿出一张视觉笔记就可以看到它们的身影。因为五大基础图形简单好画，又能起到神奇的作用，它们成了视觉笔记达人使用频次非常高的图形。下面就逐一介绍每个基础图形的画法及作用。

一、飘带

飘带的画法很简单，你可以在图中灰色线条的基础上用黑色针管笔进行临摹。

扫描二维码观看教学视频

① 先画出一个长方形。

② 画出长方形两端折在后面的部分，注意宽度要与长方形相同。

③ 连接折线。

④ 画出阴影。

除了基本款飘带，我们还可以画出一些变形的飘带。比如为飘带多画出几个皱褶，或是让飘带成为旗子的一部分等，做视觉笔记时可根据自己的喜好和特定的内容灵活地选择。在练习时先掌握基础的飘带画法，有时间再去临摹变形款飘带。

　　飘带是用来突出标题或者强调重点的。在做视觉笔记时，我们可以把重要的文字信息用飘带突出展现。很多视觉笔记的大标题都是用飘带框起来的，这样一个简单的设计就能让整篇视觉笔记的主题格外突出。

　　比如这篇视觉笔记的大标题就用基础款的飘带将主题文字框起来，放在了视觉笔记的正上方，起到了突出和强调重点的作用。

二、图形框

在视觉笔记中，我们会经常用到 3 种形式的图形框：表现思考、幻想、想象的云朵框，表达对话的对话框和突出文字信息的文字框。

临摹图中的灰色线条即可画出 3 种图形框。图形框看上去很简单，似乎就是圆形和方形的变形而已，但要想画出图形框的灵魂还是需要一定时间的练习的。无论是云朵框、对话框还是文字框，一笔从头画到尾才能展示出流畅感。

根据内容使用场景，我们可以画出不同形态的图形框来丰富视觉笔记的呈现效果，比如爆炸框、信纸、白板、日历，甚至是拼图都是图形框的变形。具体使用哪种图形框要根据场景而定，比如特别劲爆的信息就可以选用爆炸框来强调，小贴士性质的内容则可以选择白板的形式进行展示，使用原则是要跟内容匹配。

图形框的作用就像它的名字一样，可以把思考内容、对话内容和文字信息的内容框起来，和其他内容区分开来。

在这篇视觉笔记中，你可以看到 3 种形态的图形框，我分别使用了对话框、信纸、纸张的形式来框住不同的信息，你找到它们在哪儿了吗？

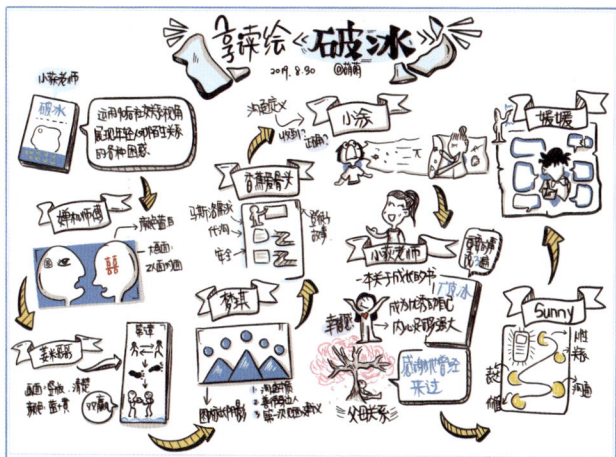

在传统的线性笔记中，文字乌压压地布满纸张，我们很难一下子找到重点。视觉笔记则很注重内容的模块化，图形框可以很好地将信息分区，让笔记的结构一目了然。所以当我们没有时间画图的时候，只使用图形框就可以让笔记与众不同。

三、箭头

箭头对我们来说再熟悉不过了，现实生活中几乎随处可见带有箭头的路标。简单的箭头两笔即可画出，一条直线加上一个角。复杂一点就是在长方形的一端画上一个三角形。

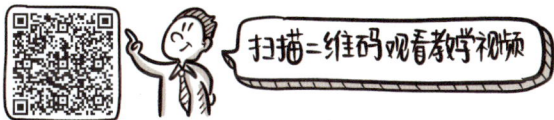

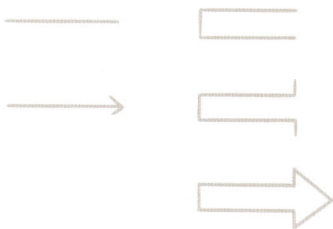

箭头同样有很多变形，我们还可以将箭头与一些经常用到的图形元素组合在一起，为箭头赋予更多的意义。比如将箭头与路牌合二为一，就画出了路标。再如为箭头的"身体"部分添加虚线，形成一条"小路"，箭头指向的部分就代表了目标和愿景。

箭头的作用是指示方向，在视觉笔记中，我们会在模块间添加箭头来指引阅读的顺序。

比如在这篇视觉笔记中，我们会很自然地根据箭头的指向进行阅读，箭头很好地起到了引导阅读的作用。

除了指示方向，箭头还可起到强调重点和解释说明的作用。比如你记了一个专业名词，怕不久以后忘记，就可以在这个名词旁边画一个箭头，进一步记下它的含义和自己的理解。复习时查看起来也很方便。

四、项目符号

我们在列工作清单时会把待办事项逐条地列在纸上，并在每条事项前画一个方块，这些小方块就是项目符号。项目符号可以是方形、圆形、三角形，也可以是数字和字母。

比如在这篇"年终发言8步"的视觉笔记中，1～8的数字序号就是项目符号，按照数字的顺序引出了8个步骤。其中在第4步"内容"分版块，又使用圆形作为分版块的项目符号，列出了3个并列的分项。

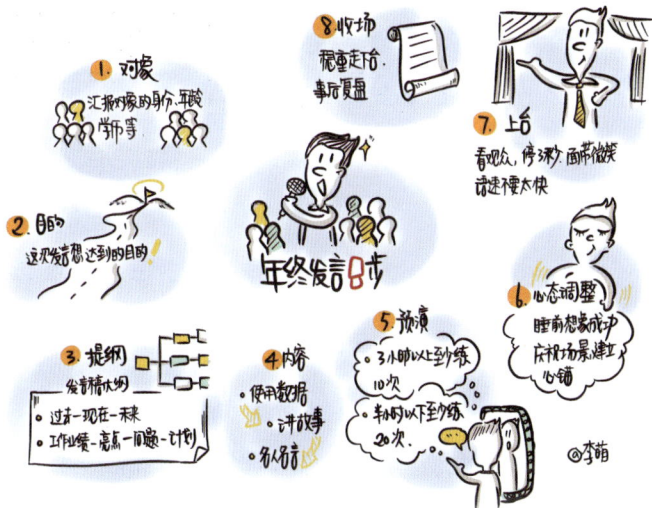

如果你愿意，可以为项目符号涂上颜色和阴影，也可以画出与内容信息匹配的图形元素。假如我正在做一篇和地理知识相关的笔记，就会把定位符作为这篇笔记的项目符号，跟主题内容相得益彰。

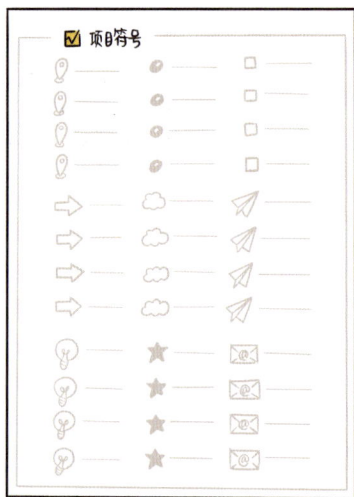

项目符号是用来标记同一层级的几条信息的符号，我们在使用 Word 文档写东西或是做幻灯片时就经常会用到。在视觉笔记中，把内容用这些符号逐条排列，比将大段文字堆积在一起要好看很多。

五、小人

做视觉笔记时我们经常遇到要表现人物状态的情况，这时候就要画小人了。然而在很多人的印象

里，画人是一件非常困难的事情，我在刚开始接触视觉笔记的时候最惧怕的也是画人。

后来反思了一下，原因在于以前对画人的印象停留在素描上。看那些专业画素描的人，每幅作品都要画上好几小时，要把人物画得逼真，画出轮廓、细节和明暗效果。光是想想要画人的眼睛、鼻子这些复杂的器官，就觉得画人好难。

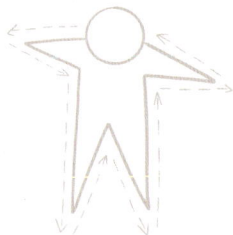

如果你也有上面的想法，请从这一刻忘掉吧，因为我们在视觉笔记中用到的小人两笔就可以画出来，非常简单，就是"星星人"。

"星星人"的画法是，先画出一个圆作为小人的脑袋，然后画出星星的4个角作为小人的身体，这样一个"星星人"就画好了。

表情对于表现人物状态非常重要，学习时需要储备一些表情画法。首先你要知道，用同样的圆来画脸，在不同的方位添加眼睛和嘴巴，脸就好像朝向了不同的方向。你可以在下图中进行练习，让所有的脸都看向中间的灯泡。

想画出多种多样的人物表情，打开 QQ 的聊天界面，观察和临摹那些表情即可，你会找到一些感觉。不用把所有表情全都背下来，只要掌握经常会用到的开心、难过、思考、疑惑等表情就可以了。

除此之外，画动作是画人物的一个难点。我们可以通过变换"星星人"4 个角的位置，摆出不同的动作。画"星星人"的好处在于不用考虑复杂的手、脚的画法，下面是一些经常会用到的人物动作。当你不知道某个动作怎么画的时候，窍门就是自己偷偷摆一下这个造型，然后记住它。

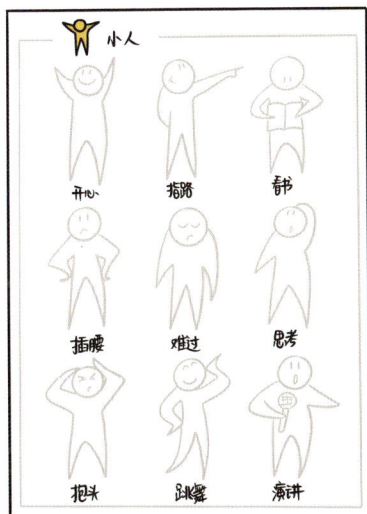

有人在学了"星星人"后问过我这样的问题："我看到你画的人物就不是这种'星星人'，而是长着手和脚的商务小人，我能不能也画成那个样子呢？"这当然没有问题，每个人的手绘水平在练习中会逐渐提升，绘制的

图形样式则可以迭代升级，画出高阶版的人物，甚至固定画一种属于自己风格的小人。但是学习初期不要贪恋复杂的图形，别忘了我们做视觉笔记的初心是呈现核心的内容信息，与其把时间花费在修饰小人上，不如把时间用来思考如何更好地表达内容。

飘带、图形框、箭头、项目符号和小人，不要小看这些基础图形。做视觉笔记的初期，即使其他的什么都不会画，只要用好这五大基础图形就足以做出一张结构清晰、生动有趣的视觉笔记了。

1.3

视觉 7 步法：绘制视觉笔记原来如此简单

现在，掌握了五大基础图形画法的你是不是已经跃跃欲试了呢？如果把做视觉笔记的过程想象成做一道菜，那么笔记的内容信息就是这道菜的主食材，五大基础图形就好像做菜时使用的调味料。

做菜时只有按照一定的顺序添加食材和调味料，才能做出既健康又美味的菜肴。同样地，做视觉笔记也有自己的一套下笔程序。

（1）写标题。

（2）记文字。

（3）画图像。

（4）分模块。

（5）引导线。

（6）添色彩。

（7）署名字。

我把它称为"视觉7步法"。初学者只要按照这个方法一步一步来，做视觉笔记就不是什么难事。

下面我们就来看看做好视觉笔记这道"菜"的必备"菜谱"，如何用"视觉7步法"轻松搞定一份"色香味俱佳"的视觉笔记。

下图是一篇用视觉7步法完成的《小狗钱钱》的解读笔记，我们就拿它作为案例进行讲解。

一、写标题

标题是视觉笔记的核心，就像一篇文章必须有一个标题，别人才知道它讲的是什么。我们要用简短的语句概括整篇视觉笔记的内容作为其标题，日后不管是他人还是自己查看时都能马上了解笔记的核心内容。

视觉笔记的标题通常包括4个部分。

1. 主题文字

在做学习笔记、课程笔记时，把学习的课程名称当作标题即可。如果是自己写的日记或学习心得，则可以自定义标题。标题基础的呈现组合是：主题文字＋飘带，也就是利用我们之前学过的五大基础图形中的飘带，将

主题文字框起来，起到强调的作用。

案例中的标题就是很好的例证。这篇视觉笔记是针对初级理财书《小狗钱钱》的解读音频做的，所以标题为"《小狗钱钱》解读"，然后在文字的基础上，画一个飘带的造型来突出主题。

如果你没什么时间画图，不想费事，这个主题文字＋飘带的组合就是标题的首选。初学者用这种方式表现标题即可。

2. 讲者的头像及信息

关于标题，更丰富一点的画法是添加讲者的头像，并标注讲者的姓名、职位等信息。视觉笔记的奇妙之处就在于，当我们回顾笔记时，能马上回忆起听课时的场景和感受。人物头像能让我们感受到讲者的讲课风格和性格特点。

举个例子来说，上面这张图是一篇关于"影响力导师班"的视觉笔记的标题部分，画出了讲者的头像，可以看到讲者手持话筒，信心满满的开课状态。在讲者身体的下方，我用一个小飘带标注讲者的姓名，在旁边用大字列出了笔记的主题文字。

头像＋小飘带＋主题文字，也是我们经常会用到的标题呈现组合，快用小本本记下来。

有人可能对画头像有些发怵，其实不用想得那么复杂，画头像时你只要在"星星人"的基础上添加人物特征即可，注意性别、表情、发型、是否戴眼镜等。下图就是用同样的一个圆，通过变换不同的发型和表情呈现出了6种造型。

3. 记录笔记的时间、地点

根据需要，有时还会在标题部分记下听课的时间和地点，但这个不是主要内容，用小一些的字展示即可。

4. 主题图

可以配合标题内容画一些相关的图形，比如时间管理的课程就可使用钟表、沙漏等图形元素。关于这些图形元素的画法，我们会在下一课中进行介绍。

需要注意的是，标题记录了视觉笔记的核心内容，一定要写得大而醒目，应放在视觉笔记的中上方、中间或者左上方，这样比较符合人们的阅读顺序。

一般我们在听课前就能知道课程的题目和讲者的信息。由于画头像和主题图会多花费一些时间，所以标题部分可以在讲课前就画出来，能够节省一些记笔记的时间。

二、记文字

之前就反复强调过，做视觉笔记不是画画，核心意义在于记录重要的内容信息，所以文字的记录非常重要，记文字要做到三有。

1. 文字记录要有过滤提炼

视觉笔记不追求一字不落，不是把讲者讲到的全部内容都记录下来，而是要在聆听时过滤掉无关的信息，只保留重要的和自己关心的信息。

2. 文字记录要有关键词句

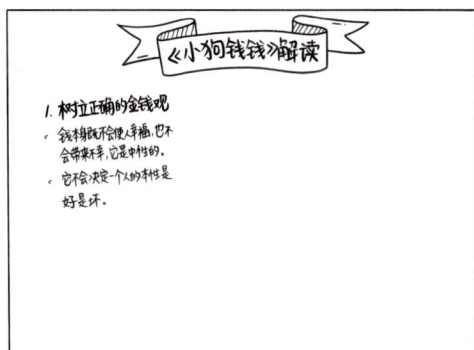

记录时不是大段大段地罗列文字，而要注意把文字分成区块，每一个区块应有一个小标题。

比如案例中，第一个区块的小标题是"树立正确的金钱观"，在这个区块下，有两个分支。

（1）钱本身既不会使人幸福，也不会带来不幸，它是中性的。

（2）它不会决定一个人的本性是好是坏。

小标题是对这一部分内容的归纳总结，我们在听课时就要注意识别并清晰地呈现出来。

3. 文字记录要有层次感

想让文字有层次感，就要注意字体和文字大小的变化，但初学者不用考虑字体，只要做到文字大小有所变化就可以了。文字的书写要符合主标题最大、二级标题次之、内容文字更次的原则，比例为 3∶2∶1，可参考案例中文字大小的书写情况。

三、画图像

为了配合每一部分的文字信息，我们要画一些联想到的图形，从而更好地记忆和理解知识信息，让笔记富有情感。

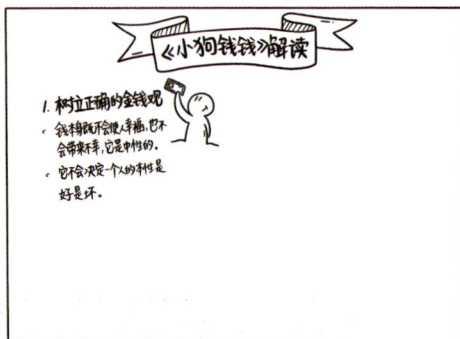

需要注意的是，视觉笔记绝对不是将文字信息简单地转化为图标。很多人在练习初期容易陷入一个误区，就是每每记完一句话，就一定要冥思苦想在这句话的末尾画一个图标，这种做法就有些画蛇添足了。比如案例中的第一部分，并不需要在每个句子后面都添加图像，而是只用到一个手持钱币的简单人物来代表"金钱观"的概念。

我们就这样，4 个部分的每一部分都是先记文字，后添图形，最终把内容记录完整。

画图是为了呈现信息在我们脑中形成的画面感。如果你的大脑中暂时没有特别的画面，不画也没有关系，用前文学过的五大基础图形将笔记分好区，展示好逻辑顺序就很不错了。比如案例中"尝试赚取人生第一桶金"的部分，就只是添加了项目符号，罗列出了筛选出的重点信息。

画面感的形成是需要时间练习的，具体的技巧和方法会在下一课做进一步讲解。

四、分模块

终于到了最有意思的分模块环节，之前的 3 步已经打好了视觉笔记的内容基础，但是从版面上来看区块感不明显，这一步就会让视觉笔记大变身。

分模块就是要将表达同一内容的信息框在一起，与其他信息区分开，为视觉笔记分好区域。比如在案例中，用图形框把文字内容分隔开，让人一眼就可以看出笔记分成了 4 个区域。假如我想具体了解"尝试赚取人生第一桶金"的内容，就去相应的区域找答案即可。如果没有模块的区分，视觉笔记的文字和图像就会全部挤在一起，出现结构混乱，看不到重点的现象。

通常来说，我会在记录完笔记中的全部文字和图像后再统一进行分模块的动作。这就要求我们在写文字时脑中就有模块的概念，想好笔记会分成几个部分，才能更好地布局。

简单的分模块形式就是运用五大基础图形中的图形框来区分，方形、圆形、云朵框、信纸形都可以，根据笔记内容进行选择即可。注意图形框一定要画整齐，有的地方文字写得过长，可以把图形框断开一小部分，若隐若现也很好看。在案例中，我在画图形框时把每一部分小标题的位置都空了出来，这就让整体内容显得详略得当。

除了可以使用图形框分模块，我们还可以使用背景色块。比如下面的这张"高情商女性要知道的 5 个道理"是对一段文字的记录，就是利用橙色的背景色块将内容明显地分成了五大区域，是不是一目了然呢？

五、引导线

千万别小看引导线，画引导线是做视觉笔记非常重要的环节。

传统的文字笔记由于是一行一行的线性结构，所以大家都知道要从左到右、从上到下地阅读，但视觉笔记有自己的版式结构，如果不添加引导线，信息没有指向性，人们就不知道阅读的顺序。即使是在已经有了数字序号的视觉笔记中，引导线也可以创造出一种流动感。

通常我们会用五大基础图形中的箭头来充当引导线，箭头从一个区域指向下一个区域，很好地引导人们按照箭头的指向进行阅读。案例中就是用简单的箭头实现的内容引导。除了箭头，也可以根据笔记内容的不同选择其他的引导形式，比如用一条彩色的线或是跟主题匹配的元素将各个模块内容串联，我们会在后面的章节做进一步学习。

六、添色彩

　　为视觉笔记添加色彩能够起到强调重点、增加画面层次感、使笔记更具观赏性的作用。虽然在视觉笔记中，上颜色不是必需的环节，但在有时间的情况下我都会使用色彩。

　　初学者容易走入一个误区，认为色彩越多越好看，一篇视觉笔记上会用到七八种颜色。你可以这样去大胆尝试，但结果会告诉你，颜色过多会让画面看起来很乱。

　　建议初学者只使用两种颜色做笔记，也就是黑色和一个其他的颜色，最多也不要超过3种颜色。比如在案例中，我只选用了黑色、橙色、灰色3种颜色。

　　颜色主要的作用就是强调重点，所以我通常会将标题、重要信息、背景色块、箭头等部分涂上颜色。

七、署名字

最后一步就是为视觉笔记署上自己的姓名。我们可以把做好的视觉笔记分享到社群中，或者上传到社交媒体上，既传播了知识，又起到了自我宣传的作用。

署名的位置是有讲究的，要把名字写在视觉笔记的右下角，名字可以写小一些。如果愿意，你还可以为自己设计一款个性化的签名。

这 7 个步骤就是打造视觉笔记这道"菜"的必备"菜谱"了，现在"食材"（信息内容）、"调料"（五大基础图形）、"菜谱"（视觉 7 步法）都齐了，你准备好做一道"菜"了吗？

1.4

随堂练：用一篇视觉笔记快速建立自信

很多人在学习时会有这样的困惑：学的时候豁然开朗，用的时候茫然无知。也许在学做视觉笔记的时候你也会遇到这种困惑。

事实上学过了不等于学会了，学习的过程可以分为 4 个阶段。

第一阶段：无知无能——既不知道怎么做，

也做不好。

第二阶段：有知无能——知道该怎么做，但是却做不好。

第三阶段：有知有能——通过练习，当你认真做的时候就能做好。

第四阶段：无知有能——随着不断重复做这件事情，不用刻意做也能做好。

学会"五大基础图形"和"视觉7步法"的你正好处在第二阶段，在大脑中掌握了一定的图形基础，也明白了做视觉笔记的步骤，但却做不好一张完整的视觉笔记。

别担心，要想实现从有知无能到有知有能的飞跃，从学过到学会，就要靠今天的实操练习了。下面我们会用一种特别的方式共同完成一篇视觉笔记练习。

一、练习要求——使用"视觉7步法"完成一篇视觉笔记

请你再次阅读 1.3 "视觉 7 步法：绘制视觉笔记原来如此简单"，以其为学习对象，做一篇视觉笔记。要求是按照"视觉 7 步法"的步骤记录，并要用到我们学过的五大基础图形。

在后面练习拆解的部分我也用"视觉 7 步法"从头到尾做了一篇视觉笔记，并写下了每一个步骤是如何思考和呈现的，请在看拆解前尝试自己做。在做的过程中，你一定会遇到很多问题，把问题先记在便签上，最后再带着问题看后面的拆解。相信经过这次练习，你对视觉笔记的理解会有一个质的飞跃。

二、练习拆解——分步解析"视觉7步法"的思考过程

1. 写标题

这篇文章的标题可以直接用"视觉 7 步法：绘制视觉笔记原来如此简单"，但我觉得标题有点长，于是把它简化为"视觉笔记 7 步法"。因为整篇文章就是围绕视觉笔记 7 步法展开的，而且这是一篇学习感悟，所以可以自定义标题。

至于呈现形式，不想过多修饰，我就用一个简单的飘带把主题框起来，画在纸张中上方的

位置来突出主题。之前也提到了，主题文字＋飘带是既省事又好用的标题画法。

2. 记文字

记文字要先提炼重点信息，然后把文字记录下来。

在"一、写标题"的部分，我提炼出的重点信息如下。

Step1 写标题

标题包括 4 个部分。

（1）主题文字。

（2）讲者的头像及信息。

（3）记笔记的时间、地点。

（4）主题图。

标题要写得大而醒目，标题可以提前画。

这时本可以直接把提炼出的上述知识点罗列在纸上，但我有一个更好的处理方法，先卖个关子，下一步再告诉你。

在"二、记文字"的部分，我提炼出的重点信息如下。

Step2 记文字

记文字要做到"三有"。

（1）有过滤提炼。

（2）有关键词句。

（3）有层次感。

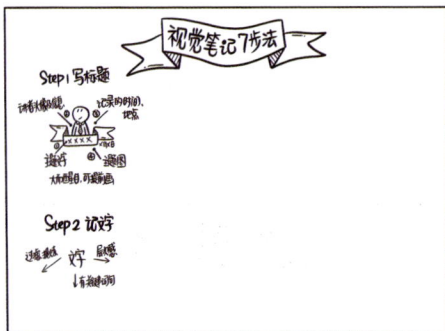

把这些信息记录下来，如图所示，我把"文字"写在中间，然后从中心向外辐射出 3 个箭头，分别记下"有过滤提炼""有关键词句""有层次感"的字样。同时我会为下一步画图留一些空白的地方。

后面的几部分内容以此类推。在记录时，每一部分都是先提炼重要的信息，列出二级标题，再记录这个模块的内容，而且二级标题的文字会比内容文字要大一些。

3. 画图像

现在要根据内容信息画图了。我们先来揭秘"Step1 写标题"部分的思考过程，我本可以直接把提炼出的文字信息罗列出来再配图，但是考虑到把标题的形态画出来会更有画面感，于是我就画了一个带有飘带和头像的标题图像，然后把文字信息记录在图像的四周。

我们可以对比一下两种做法，后者的呈现形式显然更直观，能让你一眼就记住标题包括的四大内容。这就是我所说的，视觉笔记不是将文字简单地翻译成图像，而是要形成一种画面感。

在真正做视觉笔记的过程中，记文字和画图像的过程是穿插进行的，并不是一定要先写文字再画图。很多时候我们在大脑中会先有一个整体的画面，可以说是意在笔先，然后才动手去画。

在"Step2 记文字"部分，我则是根据关键词的内容画出了联想到的图像，比如看到"过滤提炼"这个关键词，我联想到一个漏斗的画面，信息进入漏斗中，过滤出来的都是精华，然后把这个画面呈现在纸上。

后面的每个部分都是文字、图像穿插记录。对初学者来说，头脑中的画面感可能会少一些，想不到画面的时候就直接用项目符号将重点信息进行罗列即可。画面感可以通过练习慢慢形成，不要着急。

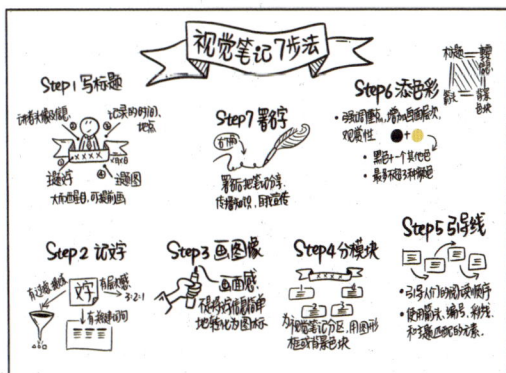

4. 分模块

接下来用图形框来进行笔记的分区。这是一篇关于视觉笔记的文章，所以我选择用纸张的造型来画图形框。

我们能很直观地看出画图形框前和画图形框后的对比变化，有了图形框的笔记的模块结构一下子就清晰了。

有人可能会问：图形框可不可以每记完一个部分就画一个，而不是等到最后一起画呢？其实也是可以的，但之所以我要最后添加图形框是因为这样能够根据信息的呈现情况布局，来整体地把控版面。

5. 引导线

分好模块后，我开始添加引导线把所有的模块串联起来。目前图中模块与模块间的空隙不是很大，所以我放弃用箭头，而是选择用线的形式充当引导线。画出来的效果就好像一条线把几张笔记穿到了一起。

6. 添色彩

接着我要用颜色强调重点信息，让笔记更有层次感。我选择用橙色作为主色调，只将大标题、二级标题和一些关键的信息和图形涂上颜色，然后用灰色画了一些阴影效果。

可以看到，笔记添加色彩后，结构清晰，层次感更加明显，二级标题也更有辨识度。

7. 署名字

最后在笔记的右下角写上自己的名字，整张视觉笔记就完成了。

这就是我做这篇视觉笔记的过程记录，当然过程中的思考是我的个人想法，你有不同的理解可能会形成不同的画面感知，有自己的一套结构编排，有自己的个性，不用跟我相同。我们创作的每篇视觉笔记都是带有个人创意基因的，这个非常宝贵。

三、练习复盘——用3个问题做延伸思考

经历过这次练习，恭喜你，你已经能够独立做出一篇视觉笔记了。请你做一次复盘，思考以下3个问题。

（1）你在做这篇视觉笔记的过程中收获到了什么，掌握了什么规律？

（2）有哪些需要改进的地方？

（3）下一步要做哪些进一步的练习？

我们身边有大量的视觉笔记练习素材，一本书、一个音频、一篇文章都是。有时间就尝试用"视觉7步法"做笔记，形成视觉思维的习惯。通过不断练习，我们就可以晋升到做视觉笔记无知有能的高级阶段。

1.5

课后答疑：做视觉笔记有哪些好用的工具

目前市面上笔和本子的品牌、样式很多，选择的原则是适合自己。下面推荐几种我用得比较顺手的工具。

1. 笔

我会用黑色针管勾线笔写字，用得最多的是樱花牌的黑色针管勾线笔，型号推荐 1mm 和 0.5mm，两种均可。

上颜色的笔推荐斯塔牌的双头水性马克笔，一头是圆头可以画轮廓，另一头是毛刷可进行大面积涂色。做视觉笔记时我们用不上太多颜色，所以 24 色或 36 色就足够了。马克笔有水性马克笔和油性马克笔，选择水性马克笔是因为不容易洇染纸张。

2. 本子

本子要选择纸张厚一些的全白本子，不要有横线或者格子，横线或格子会限制思考。本子最好可以 180° 平铺，这样展开后就可以得到一整张很大的版面。如果是纸张，A4 纸就可以。

需要注意的是，笔和本子只是我们的工具。工具好不好、贵不贵并不重要，重要的是用视觉笔记呈现内容。其实只要拥有视觉思维，即便是用一支普通的铅笔和一张餐巾纸，也可以很好地进行笔记创作。

2 图像
掌握视觉语言，让表达轻松有趣

很多朋友都很羡慕那些想画什么就画什么，画什么就像什么的人。其实与其羡慕别人，不如通过努力让自己成为被别人羡慕的人。

初学者在做视觉笔记时普遍会遭遇两个问题：一是不会画图，心里明明知道要画什么，却画不出来；二是面对一些文字信息，想象力不够，不知道用什么图形来表达。

其实画图也是有方法和套路的，本课就会带大家夯实画图基本功，一起晋升为实力派绘图达人。

2.1

学会画图基本功，成为视觉达人的秘诀

2.1.1 关于画图的两大误解

尽管反复强调没有"不会画画"这回事，很多学习视觉笔记的伙伴还是会纠结画图功力的问题。大家在意的是，无法像写字那样，轻松地用画图的方式表达信息。

我曾经采访过一些学员，他们大多很羞涩地表示自己只能画出几个简单的物体，比如小房子、太阳、大树，再多就不会了。

只要你掌握了基本的画图技巧，这个问题其实不难解决。不过在学习画图方法之前，首先要破除大家对画图的两个误解。

误解 1：我不会画图表达想法。

其实每个人从小都具备用图画表达想法的能力。还记得吗？我们 3 岁左右的时候就喜欢在纸上、墙上、地上肆意涂画，那时候我们不会写字，就用图画来表达自己。不只会画房子、太阳、树木，还会凭借想象力画出恐龙、变形金刚和未来的世界……那些图像在我们的笔下熠熠生辉。

但在上学、工作以后，我们的大脑逐渐被语言、文字、数字占据，使用画图工具的机会越来越少，以至于图像表达能力逐渐演变成成年人的一项隐形技能。但是不动笔不意味着不会画，现在是时候把这项珍贵的隐形技能激活了。

误解 2：我要画得很完美。

大家把自己画图的技能隐藏起来还有一个原因，小时候大家都无所畏惧，但随着年龄的增长，我们越来越在意别人的眼光，会关注自己画得像不像，也会担心画不好会被人嘲笑。

成年人容易在意外界的评价，所以一定要画得很完美。但我之前就提到过，视觉笔记不是艺术，无须像画素描那样逼真，只需用简单的简笔画表达内容即可。

比如说到"超人"这个词，可能在你的想象中非要画成左边这张图的样子才算达标，但其实在视觉笔记中，你只要画出右边的图形就可以形象地传递出"超人"的意思，简单的图形依然可以清晰地表达信息。

有很多人会羡慕那些有美术功底的人，认为他们学视觉笔记一定会得心应手。但你错了，相对于美术专业的人来说普通人更有优势，因为视觉笔记关注的是表达想法，做视觉笔记时要把时间放在突出内容逻辑和重点上。但美术专业出身的人可能会由于惯性思维更关注图画的美观性，从而花费大量时间将图案画得非常复杂，反而顾此失彼。

所以你要相信自己也是有优势的，做视觉笔记时要做到快速简洁与准确传达信息之间的平衡，图案画得快又能表现出内容精髓才是好的状态。下面就让我们一起开启被你"封印"许久的这项隐形技能。

2.1.2 用"简单图形画法"举一反三，轻松画出所有图形

咱们先来热个身，请你在下面的空白处画一只玩具小熊，不知道怎么画的人可以上网搜一下"玩具小熊"的图片，然后照着画。

怎么样？无论满意与否，这张图都是值得你收藏的一幅杰作。现在你可以回忆一下自己是如何画出这张图的，下笔的顺序又是怎样的。

你可能感到画出这只小熊可真不容易，有人会觉得自己画得四不像，有人觉得自己画得不成比例……所以我现在要教你一个"简单图形画法"，用这个方法不仅可以轻松画出可爱的小熊，还能画出世界上的万事万物。

相信你一定见过乐高玩具，我们把不同的基础积木块拼在一起，就可以形成千变万化的造型。同样地，画图也有一套"基础积木块"，我把它称作视觉元素的"种子"，它们是构成图形的最小元素，我们用这些基础视觉元素可以拼出所有图形。

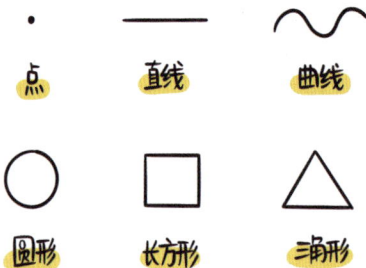

视觉元素的"种子"一共有6个。

（1）点。
（2）直线。
（3）曲线。
（4）圆形。
（5）长方形。
（6）三角形。

点　直线　曲线
圆形　长方形　三角形

任何物体都可以用视觉元素的"种子"组合而成。下面列举一些常见的图形元素，你能看出它们是由哪些视觉元素的"种子"拼起来的吗？

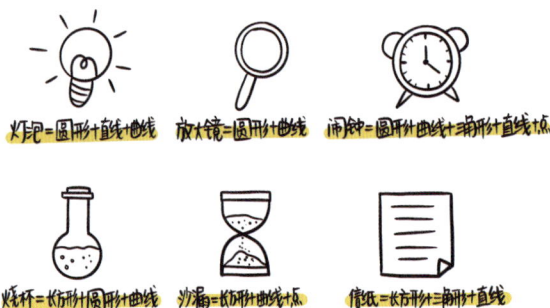

灯泡＝圆形＋直线＋曲线　　放大镜＝圆形＋曲线　　闹钟＝圆形＋曲线＋三角形＋直线＋点

烧杯＝长方形＋圆形＋曲线　　沙漏＝长方形＋曲线＋点　　信纸＝长方形＋三角形＋直线

看到这里可能会颠覆你对画画的认知，原来想象中那么复杂的物体却是由这几个简单的元素组成的，画图确实没有想象中那么困难和复杂。下次再想要画什么图形，就先观察一下这个物体是由哪几种视觉元素的"种子"构成的，把它们组合到一

扫描二维码观看教学视频

起就好了。

当然了，有人会产生疑问："在实际操作中我们该如何对这些元素进行组合？是先画外轮廓还是先画细节？有没有诀窍呢？"

在这里要隆重推出一个一学就会的画图方法——简单图形画法，初学者可以遵循以下 4 个步骤进行图像的绘制。

下面我们以画笔记本电脑的过程作为案例，一步一步展开说明。

第一步：眯起眼睛观察物体轮廓，记在脑子里。

在这个步骤，注意观察物体的轮廓是由哪些视觉元素的"种子"构成的，每个部分之间的比例是如何的。

很多人之所以画不好图，是因为一上来就开始钻进细节里，这样画出来的图难免会比例失调，画图应该先顾整体再顾局部。在画图前先要眯起眼睛观察物体，你会发现把眼睛眯起来后，物体上的细节变得模糊，就可以准确地把握住物体的轮廓。

当我眯起眼睛正面观察这个笔记本电脑时，发现它其实是由上下两个长方形组成的，只是下面的长方形变形成了梯形。

第二步：用视觉元素的"种子"画出物体轮廓。

根据上一步观察到的视觉元素和比例，把笔记本电脑的轮廓画出来。

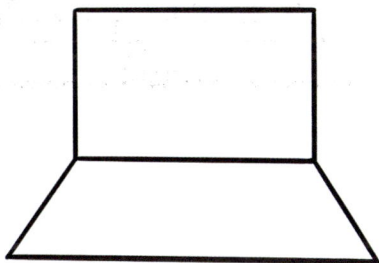

第三步：睁开眼睛观察物体细节，记在脑子里。

此步骤主要观察物体的细节，抓住物体的特征，不重要的细节就忽略。

当我们睁开眼睛再观察物体时，就能够很清晰地看到物体的细节特点了。比如当我睁开眼再次观察笔记本电脑时，发现它的特点在于屏幕上的长方形框、键盘上的方形小格子，还有长方形触摸板。当然还有很多其他细节，比如摄像头、标志、电源开关等，但我们可以把一些不重要的细节省略掉。画图时只需要选取几个能表现物体的特征即可。

第四步：在轮廓中添加细节。

根据上一步观察到的细节，把笔记本电脑的特征画出来。在画的过程中，对一些细节可以做进一步的简化处理。比如观察时，你会发现笔记本电脑键盘上的按键有大有小、有长有宽，但我们可以把它们全部简化成长方形，这样做并不会影响图形的最终呈现效果。

通过简单图形画法的4个步骤，这个笔记本电脑就画好了，是不是很简单呢？

有人可能会说：像笔记本电脑这种方方正正的物体画起来相对简单，但遇到形状、结构复杂的物体也能这样画吗？

万变不离其宗，我们来看看刚刚大家画过的小熊，如果使用简单图形画法，该如何操作？你可以拿起笔跟我再画一遍。

第一步：眯起眼睛观察物体轮廓，记在脑子里。

首先眯起眼睛看小熊的轮廓，其实它是由圆形的脑袋、半圆形的耳朵、接近方形的身体和曲线勾勒的四肢组成的。在比例方面，脑袋和身体的比例差不多，腿比胳膊略长、略粗。

第二步：用视觉元素的"种子"画出物体轮廓。

根据观察，把小熊的轮廓画出来。

曾经有人在观察小熊轮廓时，试图直接一笔画出小熊的整体轮廓，这对初学者来说有点困难，很容易画出比例不协调的轮廓，建议还是分别画出脑袋、身体、四肢等几个部分的轮廓较为稳妥，如下图所示。

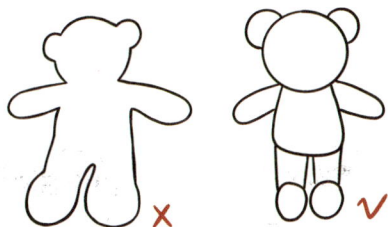

第三步：睁开眼睛观察物体细节，记在脑子里。

再观察时，小熊的特征是圆圆的眼睛、倒三角形的鼻子、身体上的一些线条纹理、蝴蝶结（以你观察的小熊为准）。我们在画图时只要能准确地抓住物体独有的特征和比例，就能用简单的线条轻松地表达想法。

第四步：在轮廓中添加细节。

根据观察，把小熊的细节画出来。需要注意的是，我的参照物小熊的脸虽然是立体的，但在画的时候不用强求画出立体感，把它画成平面的即可。

这样我们就完成了第二幅小熊作品，可以跟之前画的做一个对比，看看是不是用简单图形画法的操作更加轻松。

当然了，在练习了一段时间画图基本功后，你的功力会越来越强，简单图形画法中第一步和第三步观察的部分就可以用想象代替了。你可以在大脑中想象

所画物体的轮廓和细节是什么样子，然后把它们画出来。

这就是为什么你会看到一些画图高手可以不用参照物而凭空画出很多物体，那是因为他们已经把各种图形的样子放进了自己的大脑中，画的时候随时调取即可。所以在今后的日子里，不要忘记多多观察身边的物体，把它们印在你的脑海里。

2.1.3　学会这两招，让图像的"颜值"倍增

我们经常会看到一些图像大师画出的图形很简洁，但是显得非常精致。同样是简单几笔勾勒出的一个杯子，外形也差不多，自己画的不如人家的好看，这到底是为什么呢？

其实图像大师只是多运用了两个招数，就让那些简单的图形变得精致而活泼。

第一招：粗线＋细线，让图形更吸引目光。

在画图时，如果你能够使用粗细不同的两种线条，图形就会显得更具吸引力。不信的话，我们来对比一下。

左边的杯子只用到单一的细线，右边的杯子因为增加了粗线轮廓更引人注目，可以一下子吸引人们的目光。

在实际操作时，我们经常使用粗线画物体的轮廓，使用细线画物体的细节特点，这样粗细的搭配能让图像更有层次感，美观度也大大增加。如果你平时用 0.5mm 的笔画图，就可以增加一根 1mm 的笔来勾勒图形轮廓。

第二招：增加阴影，让图形从二维升级三维

想让你笔下的图像变得立体而高级吗？只需要在画完图后为它加上阴影就能达到不可思议的效果。你可能觉得"阴影"是美术专业的人才能塑造的效果，其实我们普通人可以用两个非常简单的办法画阴影。

（1）使用灰色。

我常用的画阴影方法，是在图形的边缘添加一些灰色，灰色的区域

就起到了阴影的效果。简单地勾勒一笔，图像就会一下子从平面变身为立体。

绘画中阴影的产生源自光源的照射，光从哪个方向来，阴影就要画在相反的方向。但我有一个更为简单的画阴影原则，就是不用想那么多，只要用灰色马克笔将阴影画在物体的左方和下方或者右方和下方就可以了。

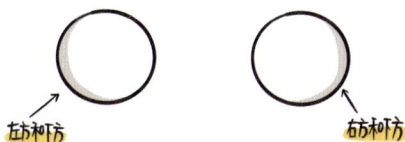

将灰色阴影画在物体的内侧或者外侧均可，产生的效果略有不同，我们在画图时可以自由选择。

（2）细线条。

除了灰色马克笔，我们还可以使用黑色的细线来画物体的阴影。原则和画灰色阴影的原则相同，在物体的右下方用细线画出平行的若干条小斜线来充当阴影。让我们来看一下细线条阴影的效果。

在画图的过程中，你可以从上面两种添加阴影的方法中二选一，也可以将两种方法叠加使用，效果更好。

可以很明显地看出，我们用粗线配合细线和增加阴影效果两个招数，让图形变得更加精致和美观。但是如果要做即时性的视觉笔记，也就是一边听讲一边输出笔记内容，更为注重的是内容的呈现速度和效率，所以不用花费那么多时间把所有图形都画得很精致。在实际操作时是要有所取舍的，大家只需对重点内容的图像进行加工即可。

2.2

掌握文字转化图形套路，变身"文字—图像翻译器"

在上一小节中我们学习了画图的基本功，任何图形都可以用简单图形画法轻松地画出来。经过不断练习，我们会在大脑里建立起关于画图的"肌肉记忆"，技巧会越来越纯熟。

但是要做好视觉笔记，仅学会画图是不够的，因为很多人的问题根本不是不会画，而是遇到了某个词，不知道如何将其转化成相应的图像。像桌子、笔记本电脑、手机这样具象的词，我们当然可以很快根据物体的样子画出来。但是遇到"互联网""害怕""束缚"等这样抽象的词汇，往往就会卡住了，不知道用什么图像表达。

这也就说出了视觉笔记学习者的一大困惑：如何才能像写字那样轻松地用图像表达想法？只有解决了这个问题，我们才能真正拥有图像思维，在文字、语言、图像间自由驰骋，就像从事翻译工作的人员那样可以轻松进行外语与母语间的转换，想想都觉得很酷。

为了解决这个问题，我曾经做过大量练习，对不同的文案进行图像转化。在这个过程中，我也在不断反思自己是如何思考的，经过反复总结，形成了下面这个文字转化图形套路的两句口诀。有了这个口诀，你的大脑瞬间会变为"文字—图像翻译器"，再也不必担心做视觉笔记时会卡壳了。

文字转化图形的两句口诀如下。

具体词汇直接画，太复杂的抓特征。

抽象词汇靠联想，人、物、场景是方向。

2.2.1　具体词汇直接画，太复杂的抓特征

在所有的词汇中，有一类是具体的名词，也就是对应于那些我们在日

常工作和生活中能够看得见、摸得着的物体，比如刚刚提到的桌子、笔记本电脑、手机，它们都有实物可以参考。

对于这些具象的词汇，我们只要利用上一节学过的"简单图形画法"一步一步把物体画出来即可。对于一些经常会用到的图形，希望你能把它们印在自己的大脑中，做到可以不用看参照物也能画出来的程度。

在这些具体的名词中，有一些外形比较复杂，画起来比较耽误时间，这时候我们可以抓住所画物体的特点，只画一部分即可。

举个实际的例子，比如"医院"这个词，其实是有实物可以参考的，但我们通常看到的医院建筑比较复杂，大一点的医院有很多栋楼，不是特别好表现。

那么我们在画图时就可以做相应的简化处理，抓住医院的外形特点。首先画出 3 栋楼房代表楼群，然后画出能代表医院的红十字即可。呈现出的效果如下所示。

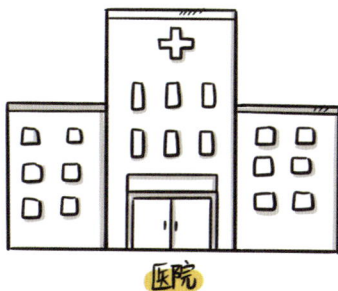

说到对特点的把控，我在这里要做一个对比。教堂的外形特征与医院的外形特征很像，都是楼和十字。但是仔细观察你就知道，教堂通常是尖顶的，而且教堂的十字要画在尖顶的上端，而医院的十字是画在楼房外墙上的。这就告诉我们在成图时要特别注意观察物体的细微特征。只要特点画对了，用简单的几笔就可以很轻松地表达出你的想法。

这一点在画动物时也有很好的体现。不少人都觉得画动物难，其实只要抓住每一种动物独有的特点，分分钟就可以把它们画得活灵活现。

　　比如猪的特征是它特有的耳朵和鼻子，兔子的特征是长长的耳朵和大板牙，熊的特征则是半圆形耳朵和三角形鼻子。上图中，在同样的圆形脸庞和眼睛的基础上，我们把各种动物的特征画出来，就呈现出了不同的动物造型。

2.2.2　抽象词汇靠联想，人、物、场景是方向

　　在做视觉笔记时，困扰我们的大多都是抽象词汇，也就是像"互联网""害怕""束缚"这种看不见、摸不着的东西。

　　遇到这类抽象词汇，我的方法是往人、物和场景 3 个方向去联想，然后把联想到的物体画出来。

（1）往人的方向联想。

　　一般来说，关于情绪、动作的词汇都可以通过人物来表现。比如"开心""焦虑""害怕"这样的词，我们可以通过画人物的表情来表现。诸如"跳跃""给予"这样的动词，我们则可以通过画出人物的相应动作来表现。

（2）往物的方向联想。

也有很多抽象词汇可以通过联想到与之相关的物体画出来。比如"冠军"这个词，我们可以联想到得到冠军所获得的奖杯或奖章。又如"拍卖"这个词，我们则可以很轻松地联想到拍卖时用到的拍卖锤。再如"战略"这个词，乍一看不是很好表达，但仔细想想，一般说到战略就会想到战略布局，我们则可以画出一张标注了坐标和方向的地图来代表"战略"。

（3）往场景方向联想。

还有一些抽象词汇，我们可以往场景的方向联想，画出具体的画面。比如"危险"这个词，我联想到的是一个人站在悬崖边的场景。"束缚"这个词让我想到小人被绳子捆住的场景。

初学者容易在联想时把场景想得很复杂，画图的过程也会变得相对复杂和费力。比如"团队"这个词，有的人可能会联想到自己部门所有的同事在一起的场景，所以他会在纸上画出十几个小人来表现"团队"。但我们可以做这样的简化处理，用1个小人拿着旗子代表领导，其他3个小人依次排开，这样表现"团队"就简单多了。

在实际操作中，我们要用尽量简单的图形组合来表现词汇，你会发现大师的作品一定不是极其复杂的，而是越简单越好。

在这个部分有一个特殊现象，就是看到有的抽象词汇时我们只能联想到一些自己凭空想象出来的画面，这是特别有意思的。

什么叫凭空想象出来的画面呢？举几个例子你就明白了。比如"互联网"这个词，我们可以想到万物互联的场景，可是万物互联其实没有一个实际存在的画面，我们只能画出一个想象中符合自己认知的隐喻画面——若干小人由线条连接在一起。再如"创意"这个词，我们可以联想到小人的脑袋里有一个灯泡亮了的场景，但其实这也是我们自行想象出的场景。

在上面这些例子中，画面并不是现实生活中能看到的，但是我们结合了自己的认知，用夸张的画法把图形组合在一起，形成了跟我们的体验契合的画面，这是一种很有趣的隐喻的表现手法。关于隐喻的知识，我会在下一小节中做进一步的讲解。

总之，我们要把这些抽象的词汇通过联想，在大脑中形成一个具体的画面，然后呈现出来。有时候，我们需要根据自己的体验创作一些图形的组合来构成画面。

当然了，在实际的操作中有很多词从人、物、场景3个方向都可以联想到相应的图形，这种情况要如何选择呢？比如"思考"这个词，我们往人的方向联想可以画出一个小人正在思考的状态，往物的方向联想可以画出一个简单的问号，往场景的方向联想可以画出一个人的大脑中有很多正在工作的齿轮的场景。

单看"思考"这个词，以上 3 种转换形式都可以，但如果把词放在具体的句子或文章中，以上 3 种转换形式就有优劣之分了。选择的原则很简单，要根据呈现内容的语境来决定。我们要在听课、看文章的时候体会到文字背后的画面感，找到匹配的图像对其进行诠释。所以在接收信息时，能否通过文字内容感知到正确的画面，这一点就变得尤为重要了。

比如"思考"这个词，如果语境是"一个人正在思考，他的大脑在进行高速运转"，此时用小人或者问号来表现就差强人意。选择用场景联想到的大脑中有运转齿轮的画面来表现更为合适，因为这张图能让人一下子体会到人在思考时大脑高速运转的感觉，与主题更为契合。

你可以经常做这种文字转换图形的练习，在玩手机时看到一个词，就想一想这个词可以用什么图形来表达，然后动手画几个出来，想一想在不同的语境中用哪个图形更合适。通过这样不断练习，你就可以增强大脑的联想能力和创造力。

2.3

用隐喻"魔法棒"，让笔记自己会"说话"

很多人都看过外文书的中文译本，有些译本读起来像文言文一样拗口难懂，其中一个重要原因就是翻译时过于拘谨，没能准确传达作者原本的思想。

我们做视觉笔记时将文字转化为图形也是一种"翻译"，很多人都觉得自己的视觉笔记看起来中规中矩、缺乏感染力，其实也是这个原因。面对抽象或者专业的文字内容，如果不考虑语境和讲话者的风格，将文字直译成图形，就不能准确传达讲话者的意思。

比如，"美好记忆"中的"记忆"这个词要如何转化呢？你可能会根据联想画出一个大脑的造型，这样的"翻译"总让人觉得差点意思。虽然大脑跟记忆有关，但是看到图后体会不到拥有美好记忆的那种感受。

那么如何在视觉笔记中画出生动、有趣又直达人心的图呢？答案是使用隐喻。

隐喻是用一个我们很熟悉的或是能够清晰表达的事物去认知一个我们

并不熟悉的或者抽象的事物的方法。好的隐喻能够让人一看就产生共鸣。如下所示。

爱是一次旅行。

争论是战争。

我的大脑有点生锈了。

隐喻能让我们通过另一种事物来体验当前的事物。比如"爱是一次旅行"，爱和旅行本来是毫无关联的，但是因为"爱"这个词很抽象，难以界定，我们就把它类比成一次旅行，瞬间让人体会到与爱人相伴前行、历经风雨的感受。再如"我的大脑有点生锈了"，大脑本来是不可能生锈的，把大脑类比成机器是为了能让人体会到大脑像机器生锈了一样运转不灵的状态。

隐喻在人们的工作和生活中非常常见，大家在与人交流时经常会不经意地用到隐喻。我们在将文字转化为图像时，也能利用隐喻的方式把抽象难懂的信息呈现出来，以达到更好的表达效果。

比如之前提到的"记忆"这个词很抽象，我们就可以用大脑和相机胶片的组合来进行表达。因为胶片在一般人看来是相片、影像的代表，胶片上的每一个格子里都有一段美好记忆的缩影。用胶片的隐喻来代表记忆，真是再合适不过了。

隐喻就像是魔法师手中的魔法棒，能够让平凡的事物变得独特而梦幻。你会发现，在画图时使用隐喻来表达信息，往往能够让画面更生动、富有灵性，而且直达人心。

只是当我们看到用隐喻画出来的画面时感觉好像很简单，但真让自己联想，又不知道如何下手。经过实践总结，我认为隐喻联想画法可以分为4种：拟人法、融合法、对照法和喻体法。

2.3.1 拟人法

把所画事物拟人化、人格化，赋予它们情感、语言或者动作，这样可以更生动地表达含义，吸引眼球。

比如"我被生活无情地蹂躏"，这句话看似很难转化成图像，但我们可以把句子中的"生活"拟人化，画成一只邪恶的大手在捏着"我"的造型，是不是一下子表现出了"生活"的无情和"我"的无助？再如"学习"这个词的转化，我们把大脑画成了一个戴着眼镜、很有学识的人正在看书学习。又如"刷牙"这个词，可以画成牙齿自己在洗澡的样子，就比直接画成人在刷牙的样子更有趣。

2.3.2 融合法

融合法是通过联想将多个图形融合在一起来表达文字内容的方法。我们要记录的很多词句都与人的体验相关，所以用得最多的是将联想到的图形与人体进行融合。像"赋能""脑子混乱""工作忙乱""敞开心扉"这些词，都可以用这个方法做隐喻联想。

比如"赋能"，一般都是给人赋能，通过词汇本身可以联想到能源、灯泡、充电的画面，将这些图形与人融合到一起就形成了下方左图。我们把人的头部画成灯泡，一只胳膊画成充电线充电的样子，就轻松勾勒出了一个正在被赋能的人物形象。当然，通过"赋能"，你可能还会联想到在加油站加油的场景，那就可以将加油枪与人融合到一起，画出下方右边的图，也能很好地体现"赋能"的意思。

再如"脑子混乱"也是人的体验，我联想到"脑子像糨糊一样"，于是把人的头部画成糨糊的造型，很好地表达了一个人脑子混乱的状态。

又如"工作忙乱"这个词，可以联想到员工处理文件、邮件、手机消息等各种工作时手忙脚乱的样子，进而想到八爪鱼有很多手脚，于是把人和八爪鱼进行结合，转化后的图形就很有画面感。

再来看看"敞开心扉"，也是跟人有关的体验。敞开可以让我们联想到开门的画面，与人物造型和心结合到一起，就可以生成左下方的图像。

总之，关于人的体验和感受的词句，可以考虑将联想到的图形与人的身体进行融合，生成一个创意十足的画面。

有没有感觉到，我们做文字图形化的转化，就像是变身成了一个思想的雕塑家。思想本来是无形的，我们用画笔却能把思想雕刻成看得见、摸得着的造型，是不是觉得自己很酷呢？

2.3.3 对照法

对照法是将同一事物相反、相对的两个方面画在一起，用比较的方式来表达内容的方法。在画图时，我们可以通过画出事物的影子或者镜子中的画面来实现对照的效果。

比如表达"平凡的职场人也能成为超人"，我们就可以用对照法。在左图中，前面的人是一个普通的上班族，通过把他的影子画成"超人"的造型，就能表现出这个人的内心有着巨大的能量。比起直接画一个职场人的"超人"造型，这样的表现手法可以塑造出一种表象和本质的反差感，给人留下深刻的印象。

画影子的方法很简单，先画出前面的人，然后画出墙与地的交界线，把影子按照你想象的造型涂成黑色即可。你可以举一反三表现不同的想法，如下页图所示。

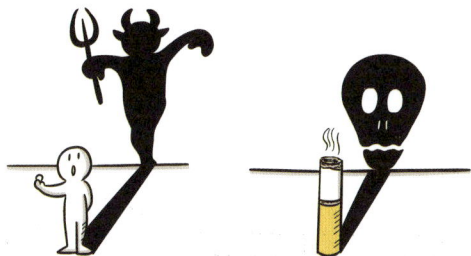

同理，我们也可以通过画出镜子中的造型来实现这种对照的效果。

2.3.4　喻体法

喻体法是直接将从文字内容中联想到的喻体画出来的方法。当我们记录的内容非常专业，或者在经验中界定不明确的时候，就可以找到另外一个我们熟悉的事物做类比。喻体法的关键在于联想到一个与本体有一定相似性的事物并将其画出来，帮助认知和理解本体。

比如记录"情绪和理智经常发生冲突"的相关内容，这是一个既专业又抽象的知识，很难直接画清楚。我们就可以借用《象与骑象人》中的隐喻来表现，把人们的情绪、本能反应画成桀骜不驯的大象，把人们的理性意识画成骑在大象背上的骑象人。骑象人无法完全控制大象的行为，他们往往意见相左、各行其是，就像人们经常会陷入理智与情绪的思想斗争之中。

"象与骑象人"和"情绪与理智"本来没有关系，但是我们找到了它们之间的相似性并建立了关联，把抽象的概念用实物表现出来，避免了理论的枯燥。

再如"学习新知识，构建知识体系"的相关内容因为过于抽象，也很难表现。我们可以通过用砖块砌墙的过程来呈现这个内容。用砌好的砖墙代表我们已有的知识体系，橙色砖块代表新的知识。用砌墙来类比构建知识体系的过程，让抽象的知识和我们已有的经验产生了连接，也就更容易理解了。

你现在可以思考一下，"聪明的人，要懂得拒绝"这句话如何用图像呈现。有人可能会联想到一个摆手的动作，或是一个写着"No"的牌子。这样的配图可以，但不出彩。我们用喻体法能更好地表达这句话的含义，如左图所示。

这就是隐喻"魔法棒"的神奇之处，可以让画出的笔记更具感染力，与他人产生情感共鸣。需要注意的是，隐喻一定要建立在大家的经验之上，而不是个体的特殊经验总结，这样的隐喻才能起到直达人心的效果。

做视觉笔记时，我们只要挥起隐喻这个"魔法棒"，就能在视觉的世界里点石成金。

2.3.5　收集隐喻，让创意满到"溢"出来

如何在画图时创造更多的隐喻呢？

一、经常做隐喻练习，提升联想力

方法看上去简单，但想要用好，还需多多练习。一个简单的方法就是当你学到一个新的概念时，想一想这个概念是否可以用自己熟悉的事物做类比。同时，当你输出信息时，有些专业的内容也可以通过隐喻的方式讲述出来，让别人更好地理解。简单的思考模式是，如果你要给一个5岁的孩子解释某些专业词汇，该如何说才能让对方听懂。

举个例子，关于阅读分类你会想到什么呢？让我印象深刻的是一个隐

喻。读书就好比吃饭，什么都吃才不会偏食，才会营养全面。在阅读方面，实用类书籍可以看成是主食，可以满足我们学习、工作、生活的基本需求。但是光吃主食是不够的，还要适当地品尝美食。"美食"包括哲学、历史、文化类书籍。至于"蔬菜水果"是那些工具书，如字典、百科全书、年表、地图等，有助于我们的消化。"零食甜点"是那些轻松的漫画、小说等。把读书类比为吃饭，用浅显的道理让大家明白应该广泛阅读各类书籍，不要有所局限。

经常做这样的类比思考，在提升联想能力的同时，我们还能提升对客观事物的理解能力和表达能力。

二、多观察生活，建立不同事物间的联系

因为隐喻是用一个事物说明另一个事物的艺术，所以我们平时就要多观察，找到不同事物之间的联系。

比如有一次，我看见亲戚家的孩子正在玩乐高玩具，他们用很简单的几种乐高积木块居然搭建出了各种各样的建筑。就在那个时刻，我的大脑灵光一闪，乐高积木块不就像是我们的视觉元素的"种子"吗？ 6 种视觉元素的"种子"可以组成世界上的万事万物。就这样，我找到了乐高玩具与画图之间的契合点。

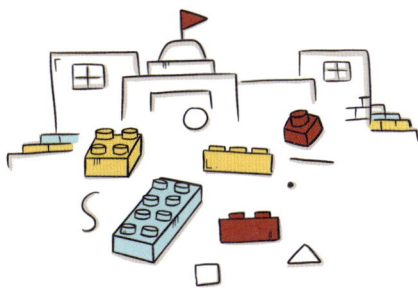

带着一种好奇心去观察身边的人和事，你会发现很多看似毫不相关的事物都能联系到一起，自己的生活也变得多姿多彩。

三、多看图，获取创意，随时记录灵感

平时可以多看一些广告图，很多广告图中都蕴含着隐喻创意，通过观察可以学习到专业设计师对不同理念的表现手法。

不过很多好的灵感都是稍纵即逝的，不及时记录下来很快就会忘记。我们要养成在本子或者云笔记中随时记录创意的好习惯，为日后创作隐喻图形打好基础。

关于隐喻这个"魔法棒"，你会用了吗？

2.4

建立图形素材库，让灵感通通"飞"到你的"碗"里去

还记得我们小时候是怎么学习语文课文的吗？老师会让每个人带一本字典，遇到不会读的字或者不懂意思的词，就用字典查一查。通过查询，我们了解了字词的含义和使用的语境，渐渐地在沟通中就会使用新学的字词，语言表达能力越来越强。

同样地，学习视觉语言也需要经历这个过程。很多初学者都非常羡慕那些视觉笔记达人，可以快速将文字信息转化成图像。但他们不知道的是，视觉笔记达人都有一个秘密武器——一本属于自己的"视觉字典"。

所谓的"视觉字典"，其实就是将一些常用的高频词汇提前转化成图像，分类后记在本子上，形成自己的图形素材库，等到用的时候就可以随时查看和使用。慢慢地，你就会惊喜地发现自己不用翻本子也可以画出各式各样的图形。所以对初学者来说，每个人都应该"编写"一本这样的"视觉字典"。

2.4.1 纸质本子 VS 电子云端，哪种素材库更好

对初学者来说，建立一个纸质版的图形素材库是必要的行为。纸质本子的好处是，可以随身携带，而且每次收集素材时，我们必须亲自动手去画，这能够在很大程度上提升自己的绘画能力和对图像的记忆能力。

关于本子的规格，推荐使用 A5 大小的全白本。在收集素材的过程中，我们要将素材分类收集。比如按照基础类、职场类、学习类等大类进行划分，可以在本子的边缘处贴上便签标注主题，这样方便使用时查找。

有时，我们在浏览网站时看到好看的图片也想收集下来，但来不及画在本子上，就需要用到电子云端性质的收集工具了。

对于电子类收集工具，选择"百度网盘""腾讯微云"或者各种云笔记软件都可以。但因为这些软件不是专门的图片收集软件，有时候图存多了会出现找不到的现象，这就需要我们在存储时格外留心记忆。

如果你想往更专业的方向发展，我推荐一款叫作"Eagle"的软件。它能够管理大量图片素材，实现了我对图片收集的四大需求：可以将网页上的图片直接用鼠标拖曳到软件中；屏幕截图可以直接存进软件；能为图片建立多层文件夹，为图片设置标签进行分类；查找图片时，可根据关键词、颜色、尺寸等条件进行搜索，实现快速找图。

对于很多视觉思维爱好者来说，存图、找图是一个特别大的难题。我也是尝试了多个工具后才找到了这款存图软件，它帮我节省了很大的力气，不过这款软件目前只能在计算机上操作。大家按照自己的习惯选择存储工具就好。

对于图形素材的收集，我的习惯是无论到哪里都随身携带一个本子，看到喜欢的元素就画下来。如果是从网页、自媒体平台、朋友圈里看到的好图片，就整理到电子图片管理系统里。我在每个周日会集中做一次图片整理工作，因为有时好图会分散在各个设备上，整理到一起才好找，就像我们要定期打扫房间一样。

闲暇的时候，我会打开电子图片管理系统翻看，把感觉不错的视觉元素临摹到本子上，加强对图形的记忆。所以对于收集视觉元素，纸质本子和电子云端类的软件各有优势，可以同时使用，两者相辅相成。

2.4.2　到哪里收集好的图形素材

其实收集图形也不单纯是为了存储，因为我们在画图时经常需要找灵感，遇到不会画的图时也会想去找一些相关图片参考一下。那么我平时都会去哪里搜集图形素材呢？

（1）在百度上搜索"关键词 + 手绘""关键词 + 简笔画""关键词 + 图标"。常用的方法就是到百度等搜索引擎上进行关键词搜索，关键词后要加上"手绘""简笔画""图标"字样。比如你想搜"公文包"的相关图形，就在搜索框中打出"公文包 简笔画"，就可以在搜索结果中寻找你需要的图了。

（2）在摄图网上搜索关键词。

摄图网是我个人很喜欢的专业图片网站，网站中有一个"插画"单元，里面有大量视觉元素可供参考。你可以在搜索框中输入关键词，然后选择"插画"单元的选项卡，就可以得到跟关键词匹配的视觉素材。

（3）广告牌、书籍、杂志的封面内页。

我们在逛街、坐地铁、等公交时，经常会看到一些很好的广告创意图。在一些书籍、杂志的封面内页中，也会有令人惊喜的视觉元素，这些都是出自专业设计师之手，能激发我们的创作灵感。你可以随手拍下图片，然后找时间将其整理到自己的电子图片管理系统里。

（4）其他场景，如创意咖啡厅和餐厅的墙上、创意产品的包装等。

有很多创意咖啡厅和餐厅的墙上都有手绘的图案，在这些图案中有些是产品理念，有些是食物的制作流程，有些是跟产品主题相关的创意设计。我们都可以将其拍下来充盈自己的创意灵感库。现在是一个创意随处可见的时代，任何从线下、网上看到的好创意都可以保存下来。

2.4.3 对常用高频词汇进行整理

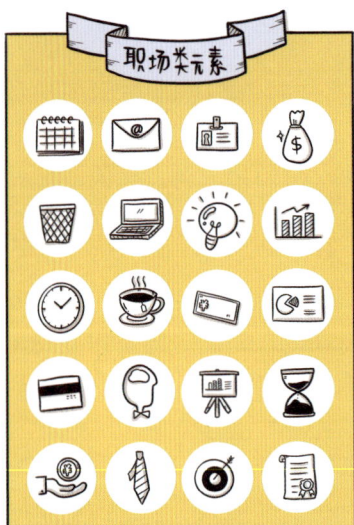

你可能会有这样的看法："这世上好看的图片太多了，我根本收集不过来啊。"其实我们并不需要收集所有的好图，而是选择和自己生活相关的场景，收集经常用到的高频词汇即可。

以职场人为例，应用到视觉笔记的场合大多是听培训、看书、职场输出，所以除了前面学过的五大基础图形，关于职场、管理、成长类型的词也是高频词汇，职场人就可以把重点精力放在这类图形的搜集上。

以下是我常用到的几页视觉元素，展示出来供你参考。

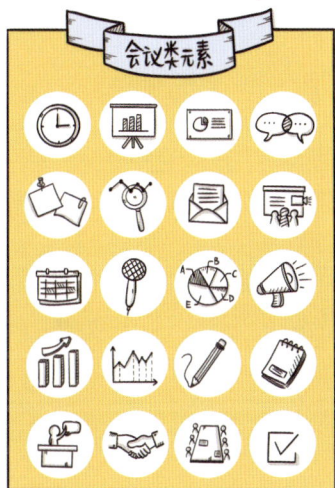

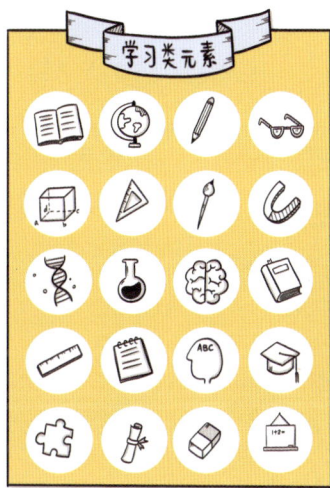

2.5

巧用色彩修饰，为笔记"定妆"

爱美的女孩子出去约会时都会化妆。我们会擦上粉底，用棕色的眉笔画出眉形，涂上喜欢的眼影，然后用黑色的眼线笔在睫毛根部画眼线，刷上睫毛膏，再用粉刷打上淡粉色的腮红，最后配合当日的妆容选择一个合适的口红色号。一整套功夫下来，整个人会精致不少。

但是要想把妆化好，一定要掌握一些专业技巧，否则妆容就会显得不服帖，妆面不干净，甚至出现了夸张的效果。

其实为视觉笔记上颜色，就像是在为它化妆，好的用色可以让"素颜"的笔记变得更加精致而迷人。但如果用不好，也可能会毁了整幅画面。

所以很多视觉爱好者对于色彩的运用都是又爱又恨，因为涂色的工序处于视觉笔记靠后的环节，生怕一个不小心用错了颜色，把前面费了很大心血做的笔记给毁掉。

别担心，学完接下来的内容，你就可以成为一名合格的视觉笔记"化妆师"了。

其实关于颜色，大家或多或少都有一些基础知识，而这些知识已经能够满足我们做视觉笔记的基础需求。

我们都知道，色彩中有三原色，分别是红色、黄色和蓝色。它们两两结合，生成了橙色、绿色和紫色。

于是呢，就有了下面这个简单的色环。

有人会说了，我还看到过更大、更专业的色环，里面有好多种叫不出名字的颜色呢。请记住，咱们做视觉笔记只要能用好这个简单的 6 色色环，再加上黑色和灰色就足够了。

在色环中，其实每种颜色都是个可爱的宝宝，都有自己独特的性格。我们选择不同的颜色，就可以为视觉笔记赋予不同的情绪色彩。

红色是个热情的宝宝，他性格张扬、乐观，但同时也比较爱发脾气，生起气来火辣辣的。

黄色是个阳光宝宝，他的性格中有温暖、智慧的一面，也有高贵、富有、权威、骄傲的一面。

蓝色是个宁静的宝宝，同时你还能从他身上看到孤独、忧郁、纯洁、沉稳、专业、自由、和平的影子。

橙色是个快乐的宝宝，他整个人散发着时尚、青春、动感、活力四射的气息。

绿色是个健康的宝宝，我们能从他身上看到清新、安全、希望、生长的样子。

紫色是个神秘的宝宝，他性格中带着高贵、优雅的感觉，并且时常透露出非凡的气质。

在做视觉笔记时，选择什么颜色作为主色调，就会给笔记赋予什么样的情绪色彩。所以针对不同的主题或阅读对象，我们就要根据色彩的个性来进行选择。

比如财富主题的视觉笔记，我们就可以选择黄色作为主色调；创意主题的视觉笔记，则可以选择橙色作为主色调；商务主题的视觉笔记，选择拥有沉稳、专业个性的蓝色作为主色调更为合适。

2.5.2　了解色彩的搭配原则，让视觉笔记赏心悦目

很多人喜欢为一张视觉笔记涂上很多颜色，但是画完以后就觉得画面看起来乱乱的、脏脏的，又说不上哪里不对劲。这其实就是遇到了色彩搭配的问题，颜色组合不好，会让视觉笔记的画面失去平衡感。

绘画专业中的色彩搭配理论太过复杂，所以我总结了 4 个既简单又好记的视觉笔记色彩搭配原则，你只要按照这 4 个原则涂色，就不会犯错。

一、整体颜色1~3种足矣

一般情况下，在一篇视觉笔记中，除黑色、灰色外用到 1 ~ 3 种颜色足矣，颜色不多就不会乱。初学者如果担心自己涂不好色，可以做单色系笔记。比如我的很多视觉笔记都是像下图这样的单色系，效果也很好。

这里有一个小妙招，如果你的笔记使用的颜色太多，显得很乱，只要在笔记中多加一些黑色，就可以起到平衡和稳定画面的作用。

二、选择互补色进行搭配

颜色的选择，以互补色搭配最为简单。在色环中，180°相对的两种颜

色就是互补色，它们的对比强烈，可以形成视觉冲击力。常用的互补色是橙色和蓝色、黄色和紫色、红色和绿色。

需要注意的是，互补色不能等面积使用。在两种颜色中，一种要作为主色调大面积使用，另一种则作为辅助色小面积使用，这样对比色营造的差异才能展示出特殊的美感，起到突出重点的作用。

举个例子，红色和绿色的搭配，其实在很多人的概念里都是要慎用的，说起红配绿就让大家联想到二人转演员的服饰，给人不太洋气的感觉。这是因为红色和绿色作为互补色等面积使用形成了强烈的排斥感，过于抢眼了。二人转演员穿这样的服装是为了迅速吸引观众的注意力。而我们在平

时做笔记时，则要避免这种情况发生，应该把互补色中的一种颜色大面积使用，另一种颜色作为点缀即可。你可以想象一下，在一大片绿色的草坪中，一个穿着红色连衣裙的小女孩在微笑的画面，是不是很美呢？小女孩的红裙在绿色的背景下会显得格外突出，这就起到了突出重点的作用。

下面我举几个常用互补色配色的视觉笔记案例。

1. 橙色和蓝色

在这张"DISC 的 3 个前提假设"（D：dominance，支配型；I：influence，影响型；S：steadiness，稳健型；C：compliance，谨慎型）视觉笔记中，橙色

作为主色调大面积使用，互补色蓝色则作为点缀小面积使用。正是因为这种对比，有蓝色的部分非常突出，我们可以利用这种反差来强调重点。比如，标题"DISC 的 3 个前提假设"中的"3"就非常亮眼。

2. 黄色和紫色

黄色和紫色也是常用搭配，这张"两个维度开启 DISC 自我探索之旅"的视觉笔记构建了一个人边学知识边思考的大画面。整张图以黄色为主色调，紫色为辅助色，两种颜色很鲜明地把纸张分成了两个部分，整体画面拥有一种协调的美感。

3. 红色和绿色

红色与绿色的搭配也可以尝试，在下图的视觉笔记中，主色调是绿色，我们用它填充图形框和文字的背景色块。红色作为辅助色，只用在了个别图形的点缀、引导线和图形框上，整个画面看上去也很舒服。

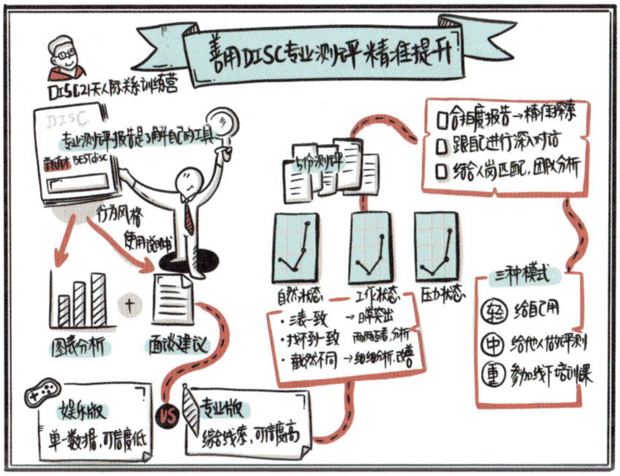

三、选择相近色搭配使用

这里说的相近色指的是同一个色系下深浅不同的几种颜色，说得更直白一点，在你买的一套彩色马克笔中，总会有几根的颜色差不多，只是深浅有点变化，比如黄色、橙色、橙黄色。我们可以选择这样的相近色给视觉笔记上色。

相近色搭配的好处是，不用多费脑子，几种颜色相近而又有梯度，能让画面看起来整洁而富有层次感。很多商业 PPT 的配色方案都选用了相近色的搭配。

举一个使用相近色配色的视觉笔记案例，下面这篇"照顾彼此需求，懂才能更好地爱"的视觉笔记使用了粉色系，其中用到了红色、深粉色、粉色、浅粉色，使得整张画面富有层次感，又不会显得单调乏味。所以相近色配色是非常简单易行的方法。

红　深粉　粉　浅粉

四、符合色彩搭配的黄金法则

如果你想运用多种颜色，涂色时要注意色彩搭配的黄金法则：60：30：10。也就是主色调要占画面的 60%，辅助色占画面的 30%，点缀色占画面的 10%。很多好的设计都要遵循这个黄金法则，比如在家居装修中，墙壁会占 60%，家具窗帘占 30%，小装饰品占 10%。

这张关于"3 种做事的境界，决定你取得的成就"的视觉笔记，就符合色彩搭配的黄金法则，主色调橙黄色占 60%，辅助色蓝色占 30%，点缀色橙红色占 10%。当你想要进行多色上色时，可以提前根据黄金法则想好搭配的颜色和占比，这样呈现的笔记颜色就不会显得杂乱。

以上就是色彩搭配的四大原则了。在不断学习的过程中，你可以看一些图书、杂志、广告的搭配色，收集记录下来，在画的时候多尝试。每个人都会经历一个从多到少、从繁到简的过程，慢慢地找到常用搭配色，形成自己的独特风格。

一般我们在上色前就会提前构思好视觉笔记的颜色搭配方案，方便涂色时整体布局、提高效率。

2.5.3 如何用色彩为视觉笔记"上妆"

色彩的使用，可以让"素颜"的笔记画面更有层次感和感染力，那么我们具体要在哪些部分上色呢？

一、用灰色涂阴影

用灰色给图形添加阴影，可以让图形变得立体而高级，整个画面也会因为添加了灰色而产生黑白灰的层次效果。灰色阴影在之前做过详细的讲述，在这里就不赘述了。

二、用深色写标题和文字，用浅色当作背景突出重要文字

一般，标题、内容文字的书写使用深色，常用的就是黑色、深蓝色和深灰色。浅色可以作为文字的底色，在重要的文字下涂上底色，就像我们上学时用荧光笔画重点，起到突出和强调重点的作用。

关于文字和底色的搭配，请记住下面两个注意事项。

（1）深色用于文字和图案轮廓。不建议使用浅色，容易看不清。

（2）浅色用于文字打底，这样可以让文字更突出。不建议用深色打底，会看不清文字。

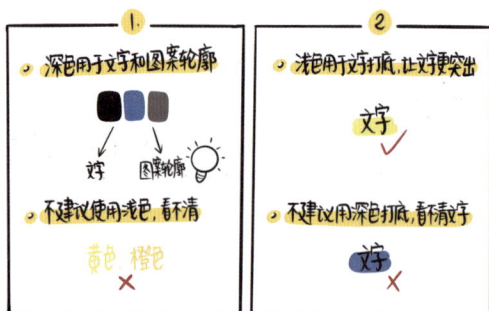

三、用浅色画信息背景色块

做视觉笔记时，我们要添加图形框，把每一部分的信息框起来。在这里我们也可以用涂色块的方式达到图形框的效果。

比如在这篇"年终总结"的视觉笔记中，记录了一篇年终总结可以分为"描述工作业绩""描述工作亮点""描述问题分析"和"未来计划"四大部分，我用橙色的方框作为背景色块，把每一部分的内容框起来，这就是用色彩块达到了图形框的效果。

同时，背景色块不仅可以画成方形、椭圆形、云朵形，还可以根据视觉笔记的内容进行延展，画成数字、字母、英文单词或是任意图形的造型。这样的做法会让笔记的创意感十足。

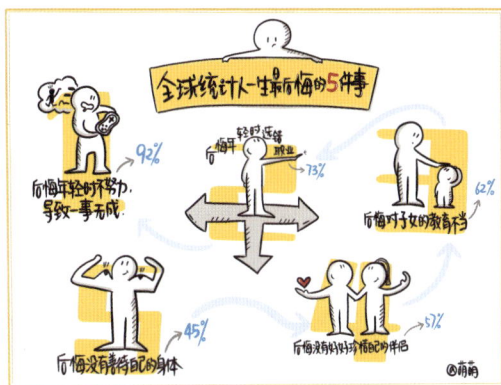

比如在这篇"全球统计人一生最后悔的 5 件事"的视觉笔记中，5 件事情的背景都是通过橙色色块来展示的，创意之处在于把色块画成了 1、2、3、4、5 的数字效果。这样做既起到背景色的作用，又起到数字引导的作用。而数字作为背景若隐若现，也增添了笔记的趣味性。

你也可以根据呈现的内容设计不同的背景色块效果，需要注意的是，背景色块一定要使用较浅的颜色，才能起到突出前面内容的作用。

四、为造型涂颜色

色彩基础的作用是给图形上色，但在视觉笔记中，我们不需要为所有的图形都涂上颜色，只要选择一些需要突出表现的图形涂色即可，比如一个表现创意的灯泡、一颗表现恋爱的红心。

在涂色时，我们也不必根据日常生活中的认知去涂色，太阳不是非要涂成黄色，草不是非要涂成绿色，水也不是非要涂成蓝色，而是只要符合上面学过的颜色搭配原则即可。

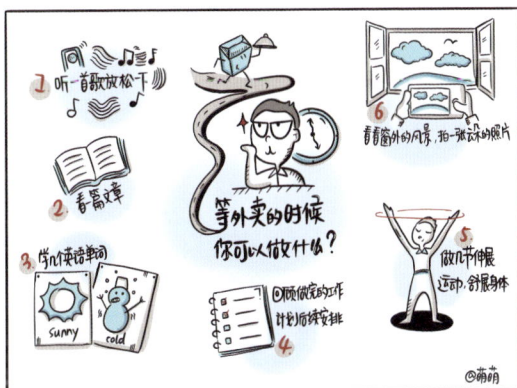

比如在这篇视觉笔记中，其中的云朵、太阳、雪人等造型都不是物体本来的颜色，而是全部使用蓝色涂色，就是为了构建笔记整体蓝色的主色调。你会发现这样涂色不仅不影响我们对文字内容的理解，还能使笔记的层次鲜明。

2.6

像艺术家一样"偷"师学艺，成为手绘达人

有不少视觉笔记学习者会有这样的想法，虽然已经掌握了画图的技巧，能够用简单的图形表达想法了，但并不满足于此。他们希望能够把图画得更好看一些，达到让朋友惊艳的效果。

被誉为天才艺术家的米开朗琪罗有一句很著名的话："如果人们知道我是多么努力地工作换来了我的成就，似乎也就没什么了不起了。"那些我们看起来很厉害的人，其实并不是天赋使然，而是在人们看不到的背后付出了超出想象的努力。所以如果你想成为一名专业画手，让自己的图精致美观，没有什么捷径可走，只有日复一日地练习。

那么视觉笔记新手想要精进自己的画功，如何进行系统练习呢？

练习画图跟语言学习的过程如出一辙，先模仿再创造。我们小时候是不是都是先鹦鹉学舌地学会几个词，然后笨拙地表达自己的想法，最后才慢慢熟能生巧？学习任何技能都是从模仿到组合再到原创的过程。

我们想要熟练掌握画图技能，也要先像艺术家一样"偷"师学艺，经历临摹、组合、原创的过程。这是一个系统的练习阶梯。了解这个阶梯，你就能清楚知道自己正处在什么阶段，从而有针对性地进行实践。

第一阶段：图形临摹。

图形练习的初期，可以说是刚刚入门，我们要从临摹入手。

之前让大家建立自己的图形素材库其实就是临摹的过程，我们会把一些经常用到的、自己喜欢的图形收集到本子上，这还不算完，要能做到把这些图形背下来的程度。也就是我说一个词，你马上就可以用本子上的图形元素表达出来。反过来也一样，看到一个图形，你可以马

上联想到它能表达的文字含义。慢慢地，你将文字转化为图形的功力才会得以提升，形成肌肉记忆。这个临摹记忆的过程起码要坚持三个月甚至更长的时间。

你可能觉得临摹别人的图像会显得自己很笨拙，总想快点摆脱这种状态，但是正如前文所说，在任何技能的学习中，临摹都是基础练习。

需要注意的是，在这里说的临摹并不是剽窃。临摹是我们模仿别人的图像素材进行练习的过程。而剽窃指的是窃取他人的作品，并说是自己创作的。临摹和剽窃是有本质区别的。一些常规的图形元素，比如计算机、灯泡、杯子等造型，因为画出来外形都差不多，所以不牵扯剽窃的问题。但如果你临摹了其他人的独特创意或整幅作品，并要对外展示，就要在图上用文字注明临摹出处。

我们临摹是为了熟能生巧，刚开始会很机械，但后期就能灵活运用。篮球明星科比·布兰恩特也曾提到，他在场上的所有动作都是从观看他的偶像的比赛录像中学来的。但是最初，他虽然学习了很多动作，却并不能在比赛中完全使用，因为他和偶像的身体素质不同。因此，他需要通过练习将那些动作融入自身，以便运用自如。

在这个阶段，我们不需要把所有的图形都装进脑袋里，选择经常用到的图形进行临摹即可。比如五大基础图形及延展、职场办公类图形、个人成长类图形、企业管理类图形等，这些元素足以帮助我们表达信息。

第二阶段：图形组合。

当我们的大脑里已经存储了足够多的视觉元素，就会进入第二个阶段：图形组合。我们可以将脑子里大量单个的图形进行随机组合，表达不同的想法。

很多初学者在收集视觉元素的时候，都会忍不住收集一些复杂的图形，但其实你只要练好图形组合，用非常简单朴素的图形同样可以表达丰富的内容。

比如下面代表世界和平的造型，其实就是地球＋人形成的。而在公司做分享的造型，就是人＋白板。手机支付的画面，其实就是手机＋手＋购物车。你可以去观察我的所有视觉笔记，其中并没有复杂的图形，基本上都是用简单图形组合而成的图形去表达信息。

地球+人=世界种 人+白板=分享 手机+手+购物车=手机支付

所以在第二阶段，就要在第一阶段收集大量简单图形元素的基础上，练习图形组合来表达信息。这时候不要再贪恋新的元素，因为世界上好看的图形是收集不完的，可以在以后的日子里慢慢收集，与其总是不断获取，不如静下心来看看自己已经拥有的东西，少即是多。

此阶段重要的是学会用有限的图形表达尽可能多的想法。

第三阶段：图形原创。

通过不断的临摹和做图形组合的练习，你会找到一些感觉，在做视觉笔记时，你可以创造出有自己特色的图形画面。

你会发现自己可以做到看见某个词，不用再参考百度搜索的相关图片，凭空就可以画出来了。甚至有一些之前根本没有看过的图形也可能突然在脑海中浮现，然后轻松画在纸上。这其实就是因为在不断的练习中，我们对图像的感知能力越来越强，画图技巧已经内化于心了。

从临摹到组合再到原创，这是一个长时间练习的过程，好消息是：通过练习总能达到更高的水平！不过达到可以自由创作的状态一定会经历一段学习的平台期，你会觉得在很长时间内自己都毫无进步，以至于产生很强的挫败感。但只要扛过那个难受的时期，你的突破就会像捅破一层窗户纸一样简单。

面对枯燥的练习，好的学习者会寻求不同的刺激方法，以便保持对学习的新鲜感。我们可以在工作和生活中变换不同方式进行练习，无论是生活中的感悟记录，还是工作中的笔记、总结、汇报，抑或是与人沟通交流的场景，都可以尝试加入图画的形式去表达信息。在不同场景中进行运用，得到即时反馈，让精进的道路变得轻松省力。

我并不是美术专业出身，所以特别理解视觉笔记新手想要一下子成为手绘达人的心情。虽然做好视觉笔记并不需要很好的画功，但是我们还是想要精进功力，让自己的作品更加光鲜亮丽。那么面对这条系统练习的阶梯，就让我们携手爬到顶端，一起感受眺望远方的心境吧！

2.7

随堂练：来一波文字转化图形训练，一起大开脑洞

本课的核心要点在于每个人要培养自己的视觉思维，养成用图像表达想法的习惯。

在小学的语文课上，老师经常会给我们做听写练习，用这种方法可以让大家记住不会写的字。跟听写练习类似，大家可以时常做下面两种图像的听写练习，想到一个词语，就马上在纸上把它转化成图形。慢慢地，你的视觉思维会越来越发达。

一、练习要求——运用"文字转化图形套路"完成以下两个练习

练习 1：把下面方格中的词汇转化成图形，其中的具体名词按照简单图形画法直接画出来，抽象词汇通过往人、物、场景 3 个方向联想画出图形，有些词可以结合隐喻表现。一定要自己完成一遍以后，再看后面的参考答案。

垃圾桶	现金	计算器
PPT	世界	勤奋
AI	创意	害羞
强大	行动	开脑洞

练习 2：把下面方格中的词汇转化成图形，要求是每个词汇用 2 ～ 4 个简单图形组合呈现。

扔垃圾	沟通	团队
识别	时间管理	投资

二、练习拆解——参考答案展示

练习 1 的参考答案如下。

练习 2 的参考答案如下。

这里呈现的答案只是我的个人想法，每个人联想到的画面可能不同，你只要根据自己的想法进行呈现即可。

三、课后行动——建立自己的图形素材库

完成练习后请思考一下：在练习中，你是如何进行文字图形转化的，思考过程是怎样的？

关于图形的积累，请准备一个视觉元素收集本，随时收集自己喜欢的图形，不断充实你的图形素材库。

2.8

课后答疑：初学者在画图时遇到的手抖及线条交错问题该如何解决

一、画图的时候手总抖，画出的线条不流畅，怎么办？

刚开始学习画图的人都会有手抖的问题，你并不孤单，我曾经也是这样的，不信就给你看看我在 2017 年画出的一张图。在这张图上，视觉元素的边缘就好像弯曲的蚯蚓一样。

出现手抖是因为初学者下笔时不坚定，我们往往害怕自己画错，所以会左思右想，笔触就会在纸上有小幅度摆动，造成线条不流畅。其实画得越慢，手越容易抖，不如想好了就下笔快速完成，笔触反而会流畅很多。

你可以尝试在纸上画一个圆形，慢吞吞地画时会有抖动的现象，把速度加快自信地画出去，线条就会流畅很多。画线时应该一气呵成，不要一点一点去描线。

画画不像干力气活儿，越使劲越好，我们可以放轻松一些。手抖和线条不流畅的问题通过不断练习就能有很好的改善。建议你一有空就在纸上随意地去画一些直线、曲线、圆形造型，握笔不用太紧，可以把造型画大一些，分别感觉以手指、手腕、手肘不同的位置着力的变化，练得多了，自然就会放松下来，找到感觉。

二、画图时考虑不到线条的前后关系，总是交错在一起，怎么办？

让很多朋友困惑的是，在画一些图形的时候，考虑不到线条的前后关系，导致不该相交的线交错在一起。

比如在下面这张图中，理想中放大镜和纸张重叠的效果应该是左边的样子，但往往在实际操作的时候我们会画成右边的样子。因为先画了纸张，后画了放大镜，导致它们中间有一部分交错在一起，很多同学就会纠结于这种交错的问题。

在画图初期这是很正常的现象，右边的图即使有了交错线同样可以很好地表达信息，在我看来都是一样的效果。在画一些图形组合时，我们会遇到想不清楚图像前后关系的问题。不用过分要求完美，先把基础练好，再逐渐升级。

我们都知道庖丁解牛的故事。庖丁刚开始宰牛的时候，对于牛体的结构还不了解，眼里看见的只是整头牛。三年之后，眼里看到的就变成了牛的内部肌理筋骨，再也看不见整头牛了。

画图也是同样的道理，当我们经过反复实践后，图形的客观规律自然就会印在大脑当中，画起任何图形也会得心应手了。

3 输入

学会提炼过滤，才能告别信息冗杂

　　做视觉笔记，看上去只有在纸上呈现的过程，但在呈现之前其实我们还在大脑中进行了输入信息、结构思考、构图规划的环节。这就像盖楼，虽然我们只能看到建筑工人现场施工的过程，但是前期的勘查、设计图纸、选材等看不见的环节也是必不可少的。

　　做视觉笔记一共分为四大环节：输入信息、结构思考、构图规划、视觉呈现。

一、输入信息

对我们阅读或者聆听到的信息进行过滤筛选，找到真正关键的部分。

二、结构思考

对保留的信息进行结构整理，并思考信息之间的脉络。

三、构图规划

在大脑中形成画面感，并考虑用哪种版式构图呈现信息。

四、视觉呈现

把上面的思考用图文结合的形式呈现在纸上。

视觉笔记的第一个环节就是输入信息，这个环节的核心要点是做好信息的过滤。我们不需要记录接收到的所有内容，而是要通过认真地聆听、阅读或思考，去除杂质，只保留关键信息。本课内容就会告诉你如何在阅读和聆听时做好信息的过滤和提炼。

3.1
对信息做减法，是做好视觉笔记的基础

上学的时候，几乎每个班里都有一个笔记记得很简单，但是考试成绩却比班里那些一字不落、辛辛苦苦抄写板书的同学高的同学。

记笔记的多少并不与学习效果的好坏画等号，如果只是照抄板书上的内容，大脑就完全没有思考和消化任何知识。而记录了精简笔记的学霸，则可能因为对知识进行了过滤和整理，记住了精华内容，同时也对所学内容有了深度的理解。

3.1.1 什么是视觉笔记中的信息过滤？

信息过滤，指的是在做视觉笔记时对我们耳朵听到、眼睛看到的信息进行筛选，选择有用的信息，舍弃无用的信息。

可以用一个隐喻来说明信息过滤，输入信息时我们的大脑上就像植入了一个巨大的漏斗，输入进来的是繁杂的信息，漏斗会过滤掉没用的杂质，最终进入我们大脑的都是精华内容。我们不需要记录所有内容，只用将那些经过提炼、整理后的关键信息用图文结合的方式呈现出来即可。

3.1.2　为什么过滤在视觉笔记中如此重要？

一、信息输入时，全都要=全丢掉

我们接收到的信息大多来自课程、书籍、文章，如果在记笔记时没有取舍全部记录，其实等于什么都没有记。因为人们的思维能力远达不到对海量信息接收自如的状态，信息太多，大脑根本就记不住。而且如果全盘记录，当我们再次打开笔记想要复习的时候，还是要把所有的信息从头到尾看一遍，根本抓不到重点。

二、有信息取舍的意识，才能更专注于知识获取

听课的时候大家都有过类似的体验，当我们试图把 PPT 上所有的文字都抄下来的时候，其实已经听不进讲师讲课的内容了。我们必须抬头看一眼 PPT，然后赶紧在笔记上写几行字，注意力完全在机械地誊抄那些文字上，大脑不会跟着讲师的讲授内容思考。

当我们开始有信息过滤的意识，才会更专注于知识内容本身，因为大脑要思考，要对信息进行识别后再做减法。虽然这样做比直接抄笔记更费力气，但对学习效果有很大的促进作用。

三、做好信息过滤，是视觉笔记的基础环节

视觉笔记的本质是将信息化繁为简，梳理结构，然后再进行视觉化的呈现，所以筛选出重要的文字信息是后续一系列动作的基础。就好像今天我们想吃一道"清蒸鲈鱼"，做之前先要把鱼鳞等不需要的部分剔除干净，否则不管你有多么厉害的厨艺，做出来的菜都不会好吃。

3.1.3　分清视觉笔记的两种类型，更高效地过滤信息

根据笔记记录的时间范围，我们可以把视觉笔记分成两种类型：非即时输出的视觉笔记和即时输出的视觉笔记。这两种类型的笔记在对信息过

滤时难度有所不同。

一、非即时视觉笔记的信息过滤

非即时视觉笔记是指没有时间限制，可以根据自己的时间自由安排做的笔记。通常我们在读书、看文章、温习课程或就某件事情产生感悟思考时所做的视觉笔记都属于这个范畴。

以读书笔记为例，做读书笔记时我们不需要赶时间，只要根据自己的看书进度输出笔记内容即可，可以边看边记录，也可以看完一本书后整体输出一篇视觉笔记。做的时间长短也可以自己把控，1小时、3小时，甚至更长时间都没有关系。

非即时视觉笔记的输入途径主要是阅读。在记录的过程中，我们可以一点一点浏览文章进行分析、整理，并慢慢过滤、筛选关键内容。后续也可以花大量时间找到与文字信息匹配的图像进行呈现。

因为没有时间限制，这种视觉笔记做起来会容易一些。所以要提升过滤的能力，我们得从做非即时视觉笔记开始，练习从大段文字中剔除繁杂的信息，保留关键信息。通过反复练习，我们在阅读时过滤信息的能力会越来越强。

二、即时视觉笔记的信息过滤

即时视觉笔记是指有明确时间限制的，讲师的课程讲完，我们也要将笔记记完的笔记。在听课、培训、会议的现场实时输出的视觉笔记都属于即时视觉笔记。

因为有时间要求，这就比非即时视觉笔记的难度要大，难点在于即时视觉笔记对过滤信息的速度和效率有更高的要求。即时视觉笔记的主要输

入途径是聆听，我们要边听边记，在听的过程中筛选出重要的信息，同时用图文结合的方式呈现出来。这里面不仅会考验聆听能力，还会考查快速过滤、提炼信息和图像呈现的能力。

很多初学者都认为边听边画出好几小时的课程内容是件不可思议的事情，做好信息的过滤就能解决这个问题。通过过滤，你对信息做了减法，记录的不是全部内容而只是小部分的精华内容。经过一段时间的聆听练习，你就可以很轻松地进行边听边记的信息呈现。

非即时视觉笔记和即时视觉笔记获取信息的途径分别是阅读和聆听，在随后的两个小节中我会依次讲解阅读和聆听时过滤信息的技巧。

3.2

输出的前提是输入，阅读时如何筛选关键信息

之前听过樊登读书会创始人樊登讲的一个趣事。

有一位特别逗的书友，曾经买了一本《从 0 到 1：开启商业与未来的秘密》，读完以后把自己认为重要的部分都画下来了，然后再去听樊登讲书，就想看看他提炼的重点内容是不是跟樊登提炼的相同。

结果一对比，却发现自己画线的地方樊登几乎都没讲，但是樊登讲到的那些部分明显比他画线的地方重要很多。樊登就问这位书友："你都画了什么？"书友回答说："我画的全是名言警句。"

很明显，书友所画的名言警句在讲书人眼里并不是重点。有多少人跟这位书友一样，读书时每每读到一些很酷的句子就赶紧画下来或者抄下来，以为这就是全书中重要的信息，但其实这只是一句读上去朗朗上口的句子而已。

所以为什么你总是在读书后感觉没有成效？这就是问题所在。无论是阅读书籍还是阅读文章，如何保证过滤信息的准确性呢？我总结了以下 3 个步骤。

（1）确定书籍或文章的主题。

（2）了解书籍或文章的框架结构。

（3）找到对自己来说重要的信息。

下面我们就分别看看在阅读书籍和阅读文章时，如何利用这3个步骤做好信息过滤。

3.2.1 阅读书籍时如何对信息进行筛选过滤？

通常来说一本书的页数都会大于 200 页，读书时筛选信息的过程就是把书读薄的过程。为了更清晰地展示每一步的思考过程，我以阅读《能力陷阱》一书为例进行讲解。

一、确定书籍的主题是什么——看书名、副标题、封面、前言、目录

在阅读时，尤其是在阅读实用类书籍时，我们不应该一上来就一页一页读，陷入书中的细枝末节里，而是要先分析书籍的主题，然后再探索细节。

在阅读前，首先要通过书名、副标题、封面、前言等内容了解书籍向大家展示的主题是什么。然后问自己以下几个问题。

（1）我读这本书的目的是什么？

（2）这本书能解决什么问题？

（3）对我来说有什么意义？

（4）我需要了解哪些要点？

通过回答问题，自己能更明确地了解作者的写作意图、书籍的主要内容以及自己读书的目的。

比如我读《能力陷阱》时，通过书名、封面、书籍简介和目录了解到这本书揭示了职场人观念上的几大陷阱，如果想得到更好的发展，就要在日常工作外建立人际关系网络，提升影响力，在各领域获得更好的发展。我接下来是这样回答那几个问题的。

（1）我读这本书的目的是什么？

想了解职场人发展的陷阱是什么，我现在是否在陷阱当中，又如何更好地寻求职场晋升。

（2）这本书能解决什么问题？

书籍告诉读者领导者的思考方式，以及提升领导力的方法。

（3）对我来说有什么意义？

转变思维方式，先行动后思考，在行动上先成为一名优秀的领导者。

（4）我需要了解哪些要点？

正确的领导者的思考方式是怎样的？提升领导力的具体方法和步骤。

我用这 4 个问题梳理出了一个阅读这本书的学习框架，当然这是结合书中的少量信息得出的结果，在后面的步骤中会丰富和调整这个框架。

二、了解书籍的框架结构——看书籍的目录、前言

在了解主题后，根据书籍的目录和前言梳理这本书的框架结构。一般来说，目录都是作者按照某种逻辑结构来编排的，所以从目录中可以拆解出作者的思考模式。

目录其实就相当于这本书的地图，我们能够通过地图了解到重点内容、解决问题的内容以及自己感兴趣的内容分别在哪里，从而有针对性地进行阅读。如果目录的标题不够直白，作者也会在前言中告诉我们整本书分为几个部分、分别讲述了什么、阅读这本书的方法等。了解书籍的框架结构，对于思考视觉笔记的结构和排版布局有着非常重要的指示作用。

那么通过阅读《能力陷阱》的目录，我在大脑里形成了这样一个书籍的框架大纲。

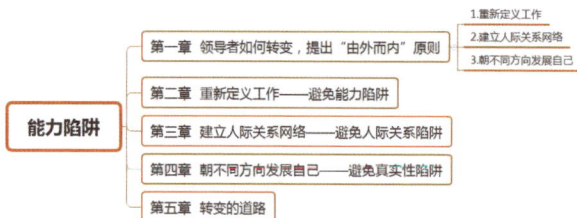

它的第一章相当于是对于主题的概括，并提出了领导者转变的"三步走"。第二章到第四章分别展开讲解这 3 个方向的解决方案，第五章写到了

成为一名优秀领导者的几个阶段。结合这个书籍框架与第一步得出的需求框架，我就大概知道阅读重点在哪里了。

三、找到对自己来说重要的信息——根据需求找到关键章节和关键词句

是否每一本实用类的书我们都要从头到尾读完呢？我认为不需要。

不常阅读的人读一本书通常要花费很久的时间，但时常看书的人却用不了多长时间。一方面因为经常读书的人已经养成了阅读习惯，另一方面因为针对同一主题，很多作者引用的案例、故事都是相同的，在第一本书里看过了，记在心里，在第二本书中再看到时就可以跳过。

看书时对于自己耳熟能详的内容扫一眼就可以，了解作者用这个案例论述了什么论点。把主要精力放在那些重要的信息上，这里所说的重要信息包含以下 4 点内容。

（1）诠释主题框架的核心内容。

在一本书中，作者会在目录的大框架下分不同侧面来论证主题，这些内容诠释了主题的概念、背景以及和主题相关的分支内容，往往对于理解主题起着至关重要的作用。

对主题的定义是我们必须要记录的内容，通常实用类书籍都会在第一章、第二章就先明确主题的概念和背景，后续再进行分支内容的阐述。至于分支内容中涉及的概念和细节，则要结合自身情况进行筛选、记录。

比如《能力陷阱》中，第一章就提出了核心观点："要想成为一名高效的领导者要遵循'由外而内'原则。指的是先像领导者一样做事，而后才能像领导者一样思考。"这部分内容我马上记录在笔记中。

作者紧接着讲到了如何才能像领导者一样做事，可以从避免能力陷阱、人际关系陷阱和真实性陷阱 3 个方面入手，也就是这本书第二、三、四章所讲述的内容。在阅读的过程中，我发现其中的能力陷阱和人际关系陷阱是我个人问题较多的部分，就着重阅读和记录这两方面的内容，简略记录真实性陷阱的内容。

（2）能够解决自己的问题的内容。

在第一步我们就根据主题思考过读书的目的和想要解决的问题，所以在阅读时要找到解决问题的工具、方法和实施步骤，这类信息也是我们在做视觉笔记时要重点记录的。

我们通过目录在对应的章节就可以找到解决具体问题的方法。有的作者会针对一个问题给出多种解决方案，选择适合自己的记录即可。当然，除了作者的想法，我们也可以加入自己的理解，写出今后的行动、措施。

比如《能力陷阱》中，对于避免能力陷阱，重新定义工作的问题在第二章就可以找到答案，作者针对该问题提出了多个建议。在这些建议中，有的我平时已经做到了，有的还没做到，我会把自身存在欠缺的部分做着重记录。

（3）一些重要案例和有画面感的案例。

在论述主题及分论点的时候，作者会使用大量的案例和故事来证明论点。在看书时，如果你对说明某一重要论点的案例特别有共鸣，也可以记录下来。包括一些在我们头脑中迅速产生画面感的故事或类比，用图像将其呈现出来就能很好地帮助记忆和理解。

比如在《能力陷阱》中，作者讲到成为优秀领导者要改变自己的工作日程安排时，我本来没什么感觉，但是当他讲到一个医院病房的案例时，我马上意识到调整日程安排的重要性，于是就把这个案例记录了下来。

作者会在一本书中记录大量的案例和故事，其实都是为了证明他想表达的某个观点，如果这个观点你很认同并且熟悉，那只记观点即可。但是如果有些案例你认为非常重要，特别是那些让你印象深刻、头脑中有画面的，就把它记下来，这样也能帮助你理解知识。

（4）意外收获到的新观点。

书中还有一些内容，是我们本来没有预期到，但在看的过程中突然引发好奇心的部分，这也是值得记录的。

比如《能力陷阱》中的人际交往陷阱，我以前根本没有意识到人际关系对职场发展的重要性，甚至觉得建立人际关系网络跟自己无关。但通过阅读突然对这一部分特别好奇。所以不仅做了相应的详细记录，还在业余时间延伸阅读了其他与人际关系相关的书籍。

如果读书的时候大家只接受自己已经知道的内容，久而久之就会形成信息"茧房"，也就是说当人们只关注自己感兴趣的内容，减少对其他信息的接触，逐渐会像蚕一样桎梏于自我编织的"茧房"之中。我鼓励大家不要拒绝新的观点和事物，说不定你会有意想不到的收获。

以上4步是读书时的筛选和过滤过程，通常我们做读书视觉笔记是为了帮助自己记忆书中内容，所以不需要记录全部内容。阅读时先建立大框架，提出核心问题，再找到自己需要的内容和解决方案，重点阅读和记录这些内容即可。

这个方法适用于阅读大多数实用类书籍，也就是针对某一领域的问题给出规则、原理、解决方案的书。如果你看的书没有特定的结构，或者是小说、人物传记类型的书，也想做视觉笔记，你可以根据自己的理解为书籍梳理出一条主线，根据主线记录内容，甚至可以只记录自己的阅读感悟。

3.2.2　阅读文章时如何对信息进行筛选过滤？

阅读文章时想要找到需要记录的精华内容，同样可以遵循以下 3 个步骤。文章的篇幅相对较短，就更容易判断一些。下面我以文章《你的大脑是一个修了无数地铁站却没有地铁线的城市》（案例文章可通过公众号"秋叶大叔"，搜索"你的大脑是一个修了无数地铁站却没有地铁线的城市"查看。）为例，来进行讲解。

一、确定文章的主题是什么——看文章标题、副标题、概要、开头的前两段

阅读文章的第一步是先确定主题，可以通过文章的标题、副标题和概要进行了解。有的文章没有概要，标题也没有明确说明主题，作者则可能会在文章开头的第一段、第二段中提出写作目的和主要论点。

通过这些信息我们会对文章的主题有一个大概的认知，可以问问自己"我为什么读这个主题的文章？""我想解决什么问题？"。

比如案例文章《你的大脑是一个修了无数地铁站却没有地铁线的城市》，单看标题并不能确定主题，但从概要部分我们就能了解到，这篇文章讲解了如何运用框架把学到的东西形成知识体系的内容。

于是我在心里就可以回答以下两个问题。

（1）我为什么读这个主题的文章？

平时学了东西不会用，无法将所学内化成自己的一套体系。

（2）我想解决什么问题？

想要解决"如何搭建学习框架"的问题。

二、了解文章的框架结构——看文章小标题、段落中的关联词

有的作者会在开篇阐述文章主题，并说明会分为几个部分详细叙述，相当于文章的大纲。有的作者则会把文章很清晰地分成几个部分，每个部分都有小标题。

如果文章没有大纲也没有小标题，我们可以在段落开头找文章上下文

的关联性词语，比如第一、第二、第三，首先、其次、最后，过去、现在、未来等。如果连关联词也没有，就要靠我们从小练就的概括段意的本事了，要抓住概括段落中心意思的句子，了解本段落的意义。一般说来，主题句常置于段首或段尾。其实成年后的我们只要认真阅读，判断文章的框架结构是手到擒来的事情。

案例文章《你的大脑是一个修了无数地铁站却没有地铁线的城市》，因为每一部分都设置了小标题，结构非常清晰，文章的框架结构一目了然。

你的大脑是一个修了无数地铁站却没有地铁线的城市
1.系统学习的正确姿势
2.如何从0到1搭建知识框架？
3.怎么梳理交叉领域的框架？

三、找到对自己来说重要的信息——根据需求找到关键词句

判断文章与书籍的重要信息的标准相同，还是包含这4点内容。

（1）诠释主题框架的核心内容。

对于一篇文章来说，首先要记录的是作者提出的核心观点和一些重要概念。这些内容可以通过文章中的提示语、概括句、主旨句来判断，而且一些重要的概念和观点会做加粗或者标注颜色的处理。不过有的文章也会用同样的方式标注一些金句，在阅读时我们要注意区分。

在案例文章中，作者在第一部分提出了核心观点：城市修地铁线的过程，就好像一个人的大脑要打磨体系的知识框架的过程。系统学习的正确姿势，就是先搭建学习框架，再深入学习具体技能。

城市修地铁的过程，就好像一个人的大脑要打磨体系的知识框架的过程。

（2）能够解决自己的问题的内容。

解决问题的具体方法，也是我们要重点记录的，可以通过包含问题的关键词句来进行判断。

比如在案例文章中，第二部分的小标题就是包含问题的关键句"如何从0到1搭建知识框架？"，从下面的内容中我们就可以找到快速搭建知识框架的方法：通过看图书目录或者相关网课的课程大纲来获取框架。

（3）一些重要案例和有画面感的案例。

作者会在文章中对重要的概念进行解释，

也会使用案例、故事论证自己的观点。我们不需要全部记录这些内容，只需记录那些重要的或者有画面感的例子。

比如案例文章中，作者使用地铁线路来说明知识框架的隐喻特别形象，让人瞬间感受到学习时先搭建知识框架的重要性，这个例子就很值得记录。

（4）意外收获到的新观点。

阅读文章时，我们也可能接触到一些新的知识和观点，有些内容甚至是颠覆以往认知的。遇到这样的信息不要着急否定，深入了解一下可能会得到新的启发。

以上筛选、过滤的方法适用于实用类文章，也就是解决问题、提供工具方法、提升认知类的文章，散文就不太适用。

综上所述，我在下表中列出了阅读书籍和阅读文章在信息过滤时分别要关注的地方，可以对比查看。

步骤	书籍	文章
确定书籍或文章的主题	看书名、副标题、封面、前言、目录	看文章标题、副标题、概要、开头的前两段
了解书籍或文章的框架结构	看书籍的目录、前言	看文章小标题、段落中的关联词
找到对自己来说重要的信息	根据需求找到关键章节和关键词句	根据需求找到关键词句

3.3

听了这么多年的课，你真的会听吗？聆听时如何筛选关键信息

在社群中学习时，总会看到一些朋友提出类似的困惑："每次我都是非常努力地听课、记笔记，但就是记不住知识点，这到底是怎么回事啊？"

我想这些朋友可能要反思一下自己的听课方式是否正确。

曾经有人做过这样一个实验，3 组学生同时收听同一内容的录音带，规定 A 组全部记录，B 组只听不记，C 组只记讲授要点。结果 A、B 两组的学生只记住全部内容的 37%，C 组学生却记住了 58%。

这就说明我们在听课时要加入自己的思考，不是笔记记得越全知识就能消化得越多，懂得抓住重点和要点适当做笔记，才能高效学习。

聆听时要抓取的重点与阅读时要抓取的重点相同，核心还是：主题、框架结构、解决方案。无非是之前用眼睛看的内容现在变成了用耳朵听的内容。那么在聆听时，我们要如何做好信息的过滤，找到重点内容呢？

一、听信息的结构框架

当我们去听课、听培训、听演讲时，依然不能上来就陷入细节里，而是要站在更高的角度去听"结构"。

讲者所讲述的内容，在某种意义上其实就是一篇文字稿，它的内容编排是有内在逻辑的。讲者在写分享稿的时候，一定是就分享主题先搭建一个写作框架，再去填充细节内容。就像盖房子先有框架结构再砌砖、砌墙一样。我们要做的，就是听出讲稿背后的框架结构是什么。

有些内容的结构我们从授课主题中就可以看出来，比如授课主题为"在自媒体时代，提升职场竞争力的 5 条建议"，你一下子就知道了：针对提升职场竞争力的问题，讲者会给到大家并列的 5 条建议。

如果授课主题中没有明确的指示，就要从课程中获取信息了。通常讲者在分享的开始阶段，都会概括自己要讲到的核心内容以及分支，类似于讲课大纲。

比如讲者会说：

"今天要给大家分享有关时间管理的话题，我会从以下 3 个方面进行展开讲解。

（1）什么是时间管理。

（2）职场人做时间管理的重要性。

（3）不同职位层级的人如何做好时间管理。"

这时我们就马上知道了，讲者今天分享的时间管理课程会分为"是什么""为什么""怎么做"三大部分，这就是我们要听的"结构"。

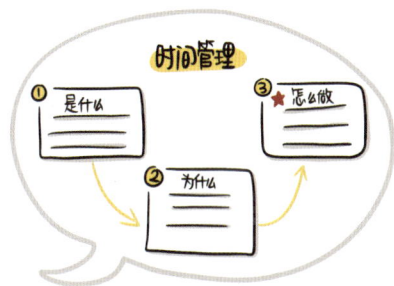

听结构还有一个什么好处呢？站在讲者的角度了解课程的设计结构，可以更加系统地学习知识，同时根据这个框架也能知道自己关注的问题在第几个环节会讲，从而有重点地进行聆听。

比如上面提到的时间管理的分享中，我们关注的，也要重点聆听和记录的一定是第三个"不同职位层级的人如何做好时间管理"的部分，因为在那里可以学到解决实际问题的方案。

二、听信息间的关联词

如果有的讲者没有在开篇给大家列出清晰的讲课大纲怎么办呢？

即使没有清晰的讲课大纲，讲者分享的内容也一定是有内在逻辑的，一般会按照时间脉络、并列脉络、递进脉络等逻辑顺序展开。我们在听的时候只要抓住了关键词，就可以了解课程的结构了。

比如"过去、现在、未来"就是典型的时间脉络，"第一、第二、第三"就是并列脉络，"是什么、为什么、怎么做"就是递进脉络。这些词能够帮助我们辨识出讲者的讲课模式。关于对内容结构关联的辨识，下一课会有更加详细的讲解。

三、听重要的关键词

搞定结构之后，我们又如何抓取重点信息呢？

答案是抓住你关注的问题的关键词。讲者要讲到某个问题时，为了引起大家注意，肯定会先告知下面要讲解的内容，我们要抓住这些关键词去重点聆听。

比如讲者讲到"不同职位层级的人如何做好时间管理"的部分，其中会讲到职场新人、中层干部、高层领导的时间管理方法分别是什么。如果我现在属于中层干部，那么当我听到"中层干部"这个关键词的时候，我肯定就竖起耳朵了。

而且每个课程都有它的重点，这种核心知识点讲者一般会反复强调，有的时候还会讲解很多遍，所以当你多次听到讲者讲到同样的问题时，就要重点记录了。

四、听信息背后的画面

讲者有时在讲述一些重要的知识点时，由于知识本身比较抽象难懂，就会使用案例、类比、隐喻等方式给大家进行讲解，以便听众更好地理解。如果案例能够引起你的共鸣，或者其中的类比、隐喻很有画面感，也是值得记录的。这些都是讲者经过深入思考得出的画面，无须我们费心再想其他画面，直接拿来用就好。

我曾经听过一节关于精力管理的课程，讲者说："人的精力就像是电池的电量，一天的工作会持续消耗电量，如果一直消耗不充电，电量格子很快就会变成红色然后关机。"这个画面简直太形象了，后来，我画图时直接用电池来代表精力，就显得很生动。

3.3.2 边听边画手忙脚乱？做即时视觉笔记的聆听技巧

一、提前了解主题内容

上学时讲新课前老师通常会让同学提前做预习，这样我们就能对新课的内容有一些基础了解，并且带着问题去学习，听课效果会好很多。

如果条件允许，在听课做视觉笔记前也要进行预习。你可以先了解一下课程或者演讲的主题是什么，课程老师或演讲嘉宾是谁，分享的大纲是什么。这些有助于我们预测即将听到的信息，从而思考和构思笔记内容。

如果能提前了解到准确信息，我们就可以做一些做视觉笔记的准备工作。比如了解到确切的分享主题和分享嘉宾，就能提前把标题和讲者的头像画在本子上，这就为内容记录节省了时间，还能把标题做得更吸引人。如果提前知道分享大纲，笔记的构图和布局也可提前构思好。

二、专注内容，排除干扰

之前我们听课、做文字笔记时有时会走神，但是在做视觉笔记的时候，就要爆发自己的小宇宙，做到 100% 专注地聆听。

想要做到"边听边画"需要专注于当下讲课的内容，这对于知识吸收来说是再好不过的事情，光是做到专注这一点，我们就能比以前提升好几个档次。

想要做到专注，就要排除外部的干扰和内在的杂音。

外部的干扰通常来自会场周遭的环境，坐在旁边的人可能会窃窃私语，也可能会有自己手机响起的声音。如何把这些干扰都屏蔽掉，让自己完全沉浸在讲者讲述的内容中呢？我的技巧是：可以想象自己正在电影院看一部紧张刺激的大片，周边是黑暗的，只有荧幕亮着，我能感受到的只有高潮迭起的电影情节和自己的思想，这样我就完全不会在意周遭的一切了。

至于内部的杂音：一方面来自边听边画的紧张感，尤其是初学者往往会因为感到不自信，担心记不全、画不出来等问题，特别紧张；另一方面，也来自一些批评的声音，比如"这讲者讲得不好""他说话居然有口音"等。此时，请清空这些杂念，放下评判和情绪，把注意力转移到所听到的知识内容上。只有沉浸和享受其中，才能听到更多有效的信息，从而创造出更加理想的画面。

三、使用信息暂存法

有时我们会遇到这种情况：听到一个地方卡住了。可能是有一句话没有听清楚，或者是不知道用什么图形来表现当下的内容。这时候千万不要停在此处跟自己较劲，直接跳过去，接着往下听，记录下面的内容，否则你将失去更多。就像我们参加高考，2 小时的时间限制就在那里，如果你一直纠结在前面一道不会做的选择题上，后面的大题就没时间做了，导致丢分更多，得不偿失，这是一样的道理。

内容没听清，可以等到课间或休息的时候，问一问老师或其他人，进行补充。想不出图形的，则可以先记录下文字，等到有时间了再去补画图形。当然你还可以准备一些便利贴在旁边，把来不及记录的文字和想法暂存下来。

3.3.3　想要提升聆听能力，你需要这样练习

不积跬步，无以至千里；不积小流，无以成江海。谁也不可能一口气吃成一个胖子。所以要想精进自己的聆听能力，熟练地边听边画，不仅要练习，还要用正确的方法练习。

一、从做非即时视觉笔记开始

如果觉得边听边画很难，刚开始可以不给自己时间限制，找一些知识类的文章做视觉笔记练习。先确定主题和框架，然后通过一些关键词去抓取重点信息和解决方案，最后进行呈现。

练习得多了，你对重点信息的筛选能力就会大大提升。

二、练习简短的音频和视频

有了一定基础后，可以去听那种十几分钟的知识音频或视频进行记录，比如 TED 演讲就是很好的练习素材。

刚开始你可能会手忙脚乱，感觉抓取关键词很困难，有时记了文字就没时间画图像，这时候可以按下暂停键，给自己留一些思考时间，完成一段整理之后再继续播放。

经过几次播放、暂停的循环，你对整个演讲已经有了基本的记录，这时你可以把同样的音频从头到尾流畅地放一遍，尝试做一次完整的记录，并记住这种感觉，慢慢你就不会手忙脚乱了。

三、开始听长音频或视频，并进行实战练习

简短的练习做得多了，就可以试试更长时间的练习，做一小时的练习，或者去真实的线下课。你会发现时间延长的记录并没有想象中那么困难，因为在课程中有很多讲者讲到的案例、故事等都是可以省略不记的，反而有空余时间进行思考，会轻松不少。

边听边画是一个循序渐进的过程，通过不断地实践和练习，我们做即时视觉笔记的功力就会越来越强了。

3.4

案例实操，教你做高段位输入者

我到现在还记得特别清楚，自己第一次做即时视觉笔记时的窘境。那次的演讲标题是"你真以为你知道的，是真相吗"，讲者是刘润。

虽然当时的我已经掌握过滤关键词和重点内容的方法，但还是很蒙圈。演讲只有 20 分钟，但前 19 分钟刘润都在讲一个出租车司机的故事，充满了各种奇妙的反转。他还不时提问，让现场观众判断"这是不是真相"。

我在记录时的状态就是，摸不着头绪，抓不到重点。"难道要把这个故事的所有细节都记录下来吗？"我在心里反复问自己。

终于在视频的最后 1 分钟，刘润做了一个我期待已久的总结陈词，他说："你要告诉自己，我们要充满怀疑，但是永远不要否定一切，要永远相信世界上有奇迹，你才会被奇迹指引成就更好的未来。"我赶紧把这句话记了下来，因为这句话是整场演讲的精髓。

现在还能在网上搜到这个视频，你也可以尝试记录一次。我当时的那份笔记记得很乱，没有想到它的框架是一个故事 + 一个总结，所以前面听案例故事时，记下了很多杂乱的信息，很多图像的使用跟内容也并不匹配。

听到信息做记录看上去是一个连贯动作，但是在练习初期，我们的聆听能力和图像呈现能力属于相互分离的状态。这时候输入信息时需要花费精力进行思考过滤，过滤好信息后还要花费脑力做图文信息的转化。

很可能发生的情况是，大脑思考的速度跟不上讲者的语速，手写的速度又跟不上大脑思考的速度，就会感到力不从心。如果出现这种情况不要着急，想让各个环节完美配合起来总是要经历一个磨合期的。

除了我们的能力问题，记录的内容本身也有难度的区别。比如刚刚提到的刘润的演讲，结构的特殊性也会给即时视觉笔记的输出造成困难，我们在练习时可以从易到难、循序渐进地进行。

虽然前面已经讲了练习聆听的方法，但是我本人也是从新手期走过来的，可以预测到大家在边听边记时会着急、会焦虑。所以还是要分享一下，从视觉笔记的新手到熟手，我们的聆听能力会经历的 4 个阶段。我以秋叶老师《高效学习 7 堂课》中《学习时，你是松鼠还是蜜蜂》的片段作为聆听案例进行讲解。

蜂群的习惯是在采蜜前先把蜂巢的框架搭好，然后努力采蜜、消化、分泌蜜蜡，一点点把蜂巢的框架完善，这样蜂巢越来越完善，可以容纳越来越多的蜂蜜（你可以理解为新蜂蜜是新的知识），而且熟悉蜂巢结构后，每只蜜蜂都很容易知道自己应该去哪里，蜂群再大也不会乱。

松鼠的习惯是在冬天来临前到处捡松塔，看到松塔就去搬，然后放在自己觉得还比较安全的树洞里，捡了很多很多松塔。冬天来临时，很多松鼠已经忘记了自己到底把松塔储存在哪里了，只能吃到离自己最近的几个树洞的存粮。关键是到了第二年，松鼠又要把找松塔、存松塔的游戏玩一遍，永远都是在低水平上重复。

不起眼的蜜蜂先搭建结构，然后每天坚持微不足道的努力，结果做出自然界中神奇的建筑，不仅能用于遮风挡雨和储存食粮，还能让后来的蜜蜂在已经搭建好的蜂巢内乘凉。活泼可爱的松鼠，虽然也天天在努力，但是每一年都在重复一件事，每年都要从零开始。

第一阶段：听到什么画什么。

第一个阶段属于新手期，我们只能做到"听到什么画什么"。比如你听了一段话，里面有一个"学习"的关键词，就会赶紧画个小人看书的图在旁边。

所以一些初学者的视觉笔记就变成了"图文清单"，也就是文字记录一行，再在文字最后配上一个图像。这种输出方式比较生硬，只能算是对文字信息的简单"翻译"。

这个阶段的问题在于，我们的关注点在自己身上，担心记不全内容、画不出好看的图形等问题。比如在案例中，当听到"松鼠"和"蜜蜂"的关键词，可能就只想到画出相应的动物造型。关注点放在了是否能把松鼠和蜜蜂画出来并画得好看，至于为什么要画这个图、它能起到什么作用则没有时间考虑。

松鼠

蜜蜂

结果就是，画图用掉了很多时间，却没把知识的真正精髓画出来。建议初学者可以多写，少画，听结构，抓重点，用文字配合简单的图形框、箭头把内容的逻辑展现出来就好。

这个阶段是一定会经历的，因为我们的聆听能力、过滤能力，以及图像呈现能力需要一定时间的锻炼，才能让它们像一个机器中的零部件一样协调地运转起来。当我们逐渐熟练掌握过滤和画图的方法，初学者的焦虑就会消失，开始进入下一阶段。

第二阶段：听出物体所在的情景。

做过一段时间即时视觉笔记后，你会发现渐入佳境，不仅能听到信息关键词，还能听出这些关键词构成的情景。

比如秋叶老师提到的松鼠和蜜蜂，其实说的是松鼠和蜜蜂的习惯。松鼠在冬天来临前会到处捡松塔放在树洞里，但后来会忘记把松塔储存在哪里了。而蜜蜂的习惯是先把蜂巢搭好，然后去采蜜、分泌蜜蜡，把蜂巢的框架完善。松鼠和蜜蜂的形象是在一个情境中的。

松鼠存松塔   蜜蜂搭蜂巢

在这个阶段，我们不仅会听到关键词"松鼠"和"蜜蜂"，还会注意到松鼠存储松塔和蜜蜂搭建蜂巢的习惯，然后通过添加松塔和蜂巢的造型，一张完整的图画就出来了。

从场景出发，你会发现很多情况下我们其实不需要着急画图，而是可以停下来多听一听、等一等，看看讲者说到某个词到底是为了什么，然后再进行整体化的呈现。

第三阶段：听出实际的意义。

到了第三阶段，我们能够听出讲者所讲的一些细节内容的真实意义。比如开篇提到的刘润的那次演讲，前面虽然一直在讲出租车司机的经历，但这个故事前后的所有反转始终都是为了最终提出的"要相信世界上有奇迹"的结论服务的，我们要听出这个故事背后的意义。

再如秋叶老师提到松鼠和蜜蜂的习惯，其实并不是要讲松鼠和蜜蜂本身，而是运用这个隐喻，让大家反观自己属于松鼠型学习者还是蜜蜂型学习者。松鼠型学习者会到处屯课，到处存储干货，可真到用的时候反而记不得放在哪了。蜜蜂型学习者会先搭建框架，理清学习路径，一点点积累。最终的结论是，大家应该做蜜蜂型学习者。

前面的论述都是为后面的核心观点服务的，这才是我们真正要听到并洞察的观点，只有这样才能在画图时结合结论，更加准确地表达讲者的想法。所以在聆听时，我们要通过思考辨识出讲者讲到的案例、故事想传达的真正理念是什么，否则画再好看的图也没有价值。

在这一阶段，我们的关注点开始从自己身上转移到讲者的内容上，能够更精准地表达内容了。

第四阶段：听出背后的本质。

第四阶段是最难的，需要我们听到并理解讲者口中或抽象或专业的内容的本质，并运用联想到的图像、隐喻呈现出来。

有的讲者在分享内容时会使用专业术语，他们不会像秋叶老师那样把枯燥的知识用松鼠、蜜蜂这样好理解的隐喻解释出来。

这时，就考验我们能不能通过聆听理解讲者所表达的精髓，然后用一个很好的隐喻画面把本来专业、枯燥、抽象的事物呈现出来，并且能够正确地传达讲者的理念，毫无偏差。这样的视觉笔记实现了逻辑和感受的完美结合。

这就是之前讲"建立图形素材库"时跟大家说的：我们在平时收集一些灵感和想法，不仅是为了锻炼自己的画功，还可以让不同的灵感进行碰撞，表达出让人一看就懂的画面。聆听时可以去关注讲者语音、语调、情绪的变化，如果在现场还可以观察讲者的肢体语言，这些都有助于我们更好地理解讲者的心声。

实践是很好的成长路径，在记录时你会遇到各种状况，不断积累经验可以让我们轻松应对五花八门的问题。

3.5

随堂练：学会做减法，做好信息的筛选过滤

一、练习要求——阅读文章，过滤出重要信息

扫描右方的二维码，阅读文章《找对大目标，你的时间才能被高效利用》，进行重要信息的筛选过滤，把重点内容记在纸上。

扫描二维码阅读文章

二、练习拆解——文章过滤的思考过程

这个练习其实没有标准答案，因为每个人的情况不同，筛选出的重点内容也会有差异，但大家对文章主题和结构的认识应该是一致的。

根据之前我们学到的过滤信息的 3 个步骤，按照确定主题—了解框架结构—找到重要信息的顺序进行即可，如下表所示。

步骤	书籍	文章
确定书籍或文章的主题	看书名、副标题、封面、前言、目录	看文章标题、副标题、概要、开头的前两段
了解书籍或文章的框架结构	看书籍的目录、前言	看文章小标题、段落中的关联词
找到对自己来说重要的信息	根据需求找到关键章节和关键词句	根据需求找到关键词句

我筛选出的重点内容如下。

主题：找对大目标，你的时间才能被高效利用

一、把时间用在大目标上

（1）时间管理的本质是合理分配时间，从而使自己的人生更加符合预期。

（2）时间管理高手会把更多时间放在自己的大目标上。

二、设定目标时会犯哪些错?

(1) 没目标。

解决方法:问自己,哪种能力提高了可以找到更好的工作或得到加薪晋升机会。

(2) 目标太小。

(3) 目标不清晰。

解决方法:要符合 SMART 原则。

(4) 目标太多。

解决方法:集中精力先完成一个关键目标,搞定一个再做下一个。

三、怎样选对自己的大目标?

(1) 目标必须是一个会对生活产生决定性影响的目标。

(2) 好的大目标必须是跳一跳才能够得着的目标。

(3) 好的大目标能把你的资源和能力尽量串联带动起来。

(4) 好的大目标能进一步分解为一组小任务。

四、把你的时间分配给你的大目标

(1) 做每件事情,更多考虑这件事能否支持自己完成大目标。带着目标做事,就容易让不同的时间产出形成合力。尽量让更多事情支持我们大目标的实现。

(2) 直接用于完成大目标的时间 ÷ 每周的 168 小时 = 每周大目标用时比。计算自己的每周大目标用时比。

学习后实践:设定自己的大目标,并用书中方法分析是否合理。

这篇文章的结构还是很清晰的,主题就是大标题"找对大目标,你的时间才能被高效利用"。文章有很清晰的"一""二""三""四"的二级标题,所以整体分成四大部分,框架大纲也就出来了。

其中的重点内容我根据自己的情况进行了过滤,保留了诠释主题框架的核心内容和能解决实际问题的内容。如果有对你来说启发很大的案例,你也可以将其记录下来。

三、课后实践——用TED演讲做聆听练习

自己找一个 15 分钟左右的知识音频或者演讲视频做聆听过滤练习,比如 TED 演讲视频,边听边过滤出讲者讲的重要信息,记录在纸上。

3.6

课后答疑：做即时视觉笔记总跟不上讲者的速度，如何练习

边听边记看上去是一个连贯动作，实际上是很多动作的组合，要聆听过滤，在大脑中将文字转化为图形，再用手画出来。在做即时视觉笔记的初期，很可能发生我们大脑思考的速度跟不上讲者的语速，手写的速度又跟不上大脑思考的速度的情况。如果在记录的过程中突然卡住，就有可能遗漏掉重要信息点。

想告诉你的是新手出现这种情况不要急，要想把聆听过滤能力、图像联想能力、绘图能力熟练地贯穿到一起是需要经历一个磨合期的，既要做好分项练习夯实基本功，又要做好整合练习将这些动作融会贯通。就像篮球运动员，他们会分别做体能、投篮、罚球、传球、突破等训练，但在赛场上则要将各种能力配合起来才能打好比赛。

建议初期先多做非即时视觉笔记的练习，在没有时间限制的情况下，进行信息过滤筛选和图像呈现，然后再进行即时视觉笔记练习，正所谓先学会走再学会跑。

即时视觉笔记的练习，可以从分解练习开始，也就是听一段音频，先不同步做记录，而是分成几步进行视觉笔记的呈现。

第一步，听一遍音频，把重要信息提炼出来，在纸上用文字列出主题、二级标题和需要记录的内容。

第二步，在没有时间限制的情况下，联想提炼出的文字内容的图像，画在旁边，同时规划好版式构图。

第三步，再放一遍录音，同时把前两步的动作串联到一起，做出一篇完整的视觉笔记。

重复多遍这种练习，慢慢就能把分解步骤一气呵成地做下来了。

另外，做即时视觉笔记实践时，可以先多写少画，文字是笔记的核心，图像只是辅助，用文字结合五大基础图形做出简单的视觉笔记也可以很好地表达内容。

如果在记录的过程中突然卡住，遗漏了重点信息，也没有关系。不要多做停留，先做个标记，等到所有的课程都结束后再进行补充即可。

4 结构

启动结构思考力，让笔记逻辑清晰

在上一个阶段，我们对输入的信息进行了过滤和筛选，保留下来的都是重要内容。但是如果把这些信息一股脑地罗列在笔记上，还是杂乱无章的，所以我们需要对信息进行结构整理、分类分层，看清楚信息的内在本质。对输入大脑的信息进行结构思考是做视觉笔记的第二个环节。

我们判断一篇视觉笔记是否优质，不是看笔记呈现得多么绚丽，而要看视觉笔记创作者是否将知识的结构和精髓呈现了出来。结构思考的环节就是透过现象看本质的过程，而且结构思考的结果，对视觉笔记最终的构图选择、文字层级、区块划分等方面都会产生影响，所以这个环节在整个视觉笔记的创作过程中显得尤为重要。

本课会告诉你结构思考的步骤、方法以及它对后续呈现会起到哪些作用。

结构化思考，有逻辑地呈现知识精髓

让我们先来做一个记忆力挑战，下面有 9 个符号，给你 30 秒的时间，看是否可以记住这些符号。

好了，现在合起书，回忆一下这 9 个符号分别是怎么画的。

这个挑战出自《结构思考力》，很多朋友会感到记起来很辛苦，只有非常少的人看一眼就全记住了。他们是怎么记住的呢？你可以翻到本节的最后查看答案。

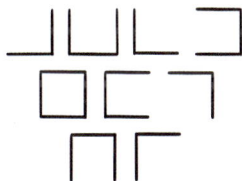

结构化就是将信息进行归纳和整理，使之条理化、纲领化的过程。

比如你接收到了一连串的词：西红柿、苹果、牛肉、鱼、橙子、樱桃、白菜、鸡肉、胡萝卜。这些词看上去很零散，也不太好记。

但是如果我们将这些词进行归纳整理、分类分层，就可以得到下图中清晰的结构，这些词瞬间变得好记多了。这个在大脑中迅速梳理信息的逻辑层级，形成结构的过程就是结构化。

其实人类本身就是依靠结构来认识世界的，当我们看到一个事物，就会情不自禁地在大脑中对其进行归类，然后得出一个判断。各领域的高手更是如此，比如下棋这件事，不懂棋的人看到的是一颗一颗的棋子，但是围棋高手看到的是一片一片的形，他们会在大脑中判断目前这个形势该如何处理有利于他赢。

对于视觉笔记来说，上一阶段我们在输入时对信息进行了过滤筛选，但是如果把这些信息全部罗列在笔记中，还是杂乱无章的，所以需要对信息进行分类分层、结构化整理，只有这样才能达到将信息化繁为简、促进记忆的作用。

既然结构思考在视觉笔记中如此重要，你一定很想知道，如何让线性的信息迅速在头脑中形成结构。

大家都写过文章、演讲稿或者项目方案，我们可以解构一下自己的写作过程，一定是先确定主题，然后构思这个主题的分享框架大纲，再往框架中填充案例、故事等内容素材，最终形成成品。

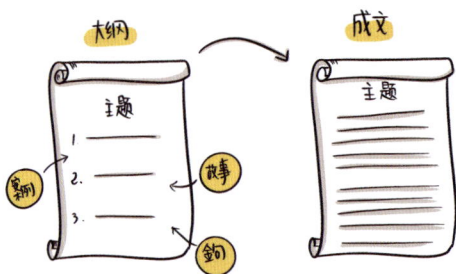

整理信息的结构，实际上就是把这个写作过程倒过来，从成品中识别框架，从大量的信息中提取文章的框架。我们可以用"结构图"这个工具来实现结构整理的过程，如下图所示。

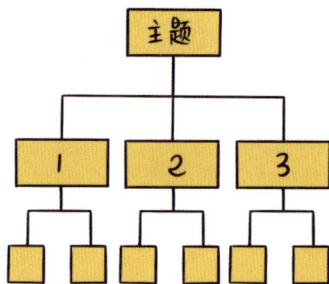

用结构图梳理信息的方法源自著名的"金字塔原理"，最上方是文章的主题或中心论点，第二层是说明主题的二级标题或者文章的小标题，没有小标题的就是每一部分的段意，这个提取框架的方法我们在前面讲输入过滤的时候就讲过。再往下一层是每一个部分的延伸论述和关键词。

只要专注，每个人都能迅速在大脑中形成这种结构判断，因为我们从小就训练过分析文章结构、概括段意、概括中心思想等的能力。

如果你觉得无法在大脑中形成清晰的结构图，可以尝试先在纸上画出来，养成结构化思考的习惯，渐渐地你的结构思考能力会越来越强。

举个将信息进行结构整理的例子，俞敏洪有一个主题为"摆脱恐惧"的精彩演讲，你也可以从网上搜到这段演讲视频。在演讲中俞敏洪用自己的亲身经历告诉大家不要在意别人的眼光，要勇敢地克服内心的恐惧。

我们在被演讲内容感染的同时，如果带着结构思考的思维去聆听演讲，就能更深入地了解讲者是如何设计演讲稿的结构来论证主题的。一般来说，我们要先关注讲者的演讲主题是什么，然后看他用了哪些分论点来说明主题。当然了，针对每个分论点，讲者都会使用案例、故事或者金句来论证，把它们归类到分论点下即可。

在俞敏洪的这个演讲中，主题是倡导大家摆脱恐惧，他先后提出了3个分论点，每个分论点都用到了自己的故事来进行论证说明。从演讲词中，我们可以概括出以下3个分论点。

（1）如果用本来不应该贬低自己的元素贬低自己，这个世界上的所有的门，都会被关上。

（2）这个世界上，只有你克服了恐惧，不在乎别人的眼光，你才能成长。

（3）一个人真正优秀的特质并非来自外在条件，而是来自内心想要变得更加优秀的强烈渴望。

于是我们在大脑中就可以形成如下结构图。

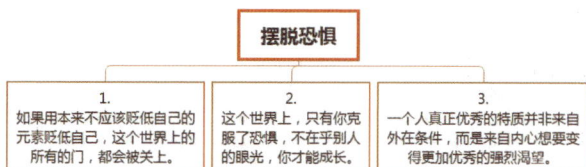

一旦有了这张结构图，就可以很轻松地画出一张与此对应的、结构清晰的视觉笔记。

结构思考能够帮助我们看清内容的本质，更好地理解和记忆知识。所以无论是看文章还是听课，都要用结构化思维去整理信息。在整理的过程中，则可以用结构图这个工具来协助梳理。

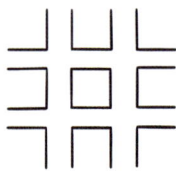

记忆力挑战答案如下。

怎么样，前面零散的 9 个符号记忆起来很困难，但是将 9 个符号形成一个结构，记忆起来就很容易，想忘记都难。这就说明同样的内容运用结构化的方式传递，使记忆的黏性得到了升级。

4.2

整理信息结构，准确把握信息源的脉络

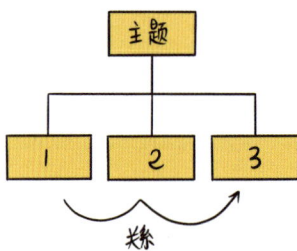

画出信息的结构图，还有一个好处：我们可以根据结构图第二层信息块之间的关系，判断文章或者演讲稿的脉络。这对于后续选择视觉笔记的版式和布局能起到指导性作用。

文章、演讲的行文脉络无外乎 3 种：时间脉络、并列脉络和递进脉络。我们可以通过一些关键词来判断文章的脉络。

一、时间脉络

时间脉络是按照时间的先后顺序来搭建框架结构的，流程脉络也包括在里面。时间脉络是我们日常工作和生活中见得很多的，比如"做好知识管理的 6 个步骤""项目复盘的四大环节"，还有我们第 1 课讲过的"视觉 7 步法"，都是按照时间脉络来构建文章的。

判断时间脉络的关键词有：过去、现在、未来，流程 1、流程 2、流程 3，第一步、第二步、第三步，阶段一、阶段二、阶段三。

当我们听到或者看到这些关键词时，就可以判断信息是按照时间脉络排列的。关键词一出现，就意味着接下来会讲到的是一个分板块的内容。

比如这张"日式铜锣烧做法"的视觉笔记，一共有 7 个步骤，在我脑海中就形成了下面的结构图，很显然 7 个步骤是按照时间脉络排列的。

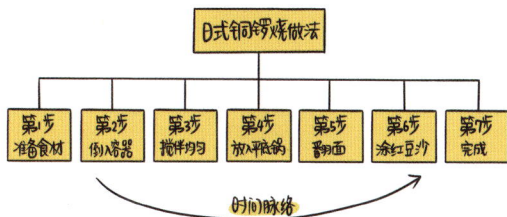

时间脉络的特点是，每一个部分逐一进行，前面步骤是后面步骤的基础，所以我通常选择用路径型的构图来进行展示，就像下图显示的那样。我在笔记中用数字标明了次序，列出 7 个步骤的二级标题，并用黄色的圆形作为背景框住每一个步骤的具体内容，最后用引导线把它们连接起来。

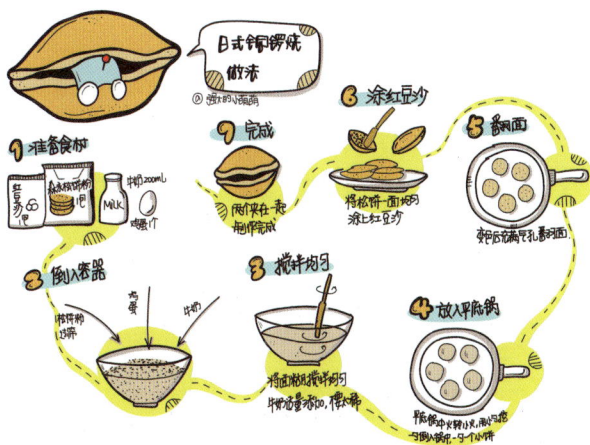

相信在看这篇视觉笔记的时候，你会很自然地跟随着引导线的指引，一个区域一个区域地进行阅读，获取自己想要了解的信息。

二、并列脉络

并列脉络是把一个整体划分为几个部分分别加以说明，几个部分可以是事物也可以是概念，几个部分之间的关系是并列的。像"公司内部的 5 个职能部门""高效能人士的七个习惯""做好安全工作的 5 点建议"等都属于并列脉络。

判断并列脉络的关键词有：第一种情况、第二种情况、第三种情况，方案一、方案二、方案三，第一点、第二点、第三点。

比如在记录一篇"加减乘除4种高效能策略"的视觉笔记时，根据文字内容，在我脑海中会浮现出下面的结构图，4个策略之间的关系是并列存在的。

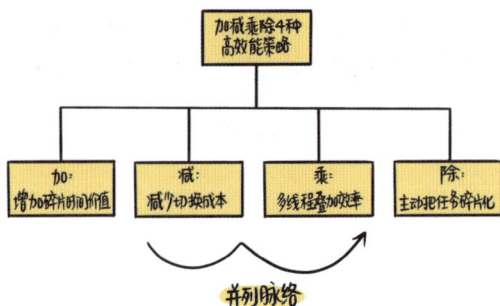

并列脉络的特点是，每一个部分都独立存在，都是对主题的诠释。我通常会选用放射型的构图来给并列脉络的信息做版式布局。如下图所示，先为主标题设计一个中心图像，然后将结构图第二层的4个策略作为二级标题，最后用图形框分别把4部分内容框起来，围在中心图的四周。

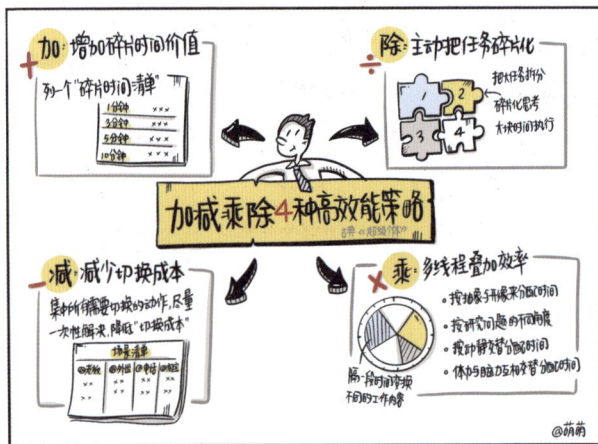

是不是感觉整张视觉笔记的并列关系一目了然？

三、递进脉络

递进脉络是按照事物的发展规律以及逻辑关系来搭建框架的，包括从原因到结果、从现象到本质、从特点到用途、从主要到次要或从概括到具体等顺序进行说明。很多方法论类的讲座都是按照递进脉络来建立框架的。

它的关键词有：是什么、为什么、怎么做，首先、其次、最后，问题、原因、解决方案。

比如曾经做过一个"如何成为一名高效的领导者"的视觉笔记，第一部分讲到什么是由外而内原则，第二部分讲到为什么"由外而内"地改变很重要，第三部分讲了"由外而内"原则如何帮你成为领导者。同样我也是先在大脑中形成一个结构图，将信息分类分层，然后判断出三大部分的内容是按照递进脉络构建的。

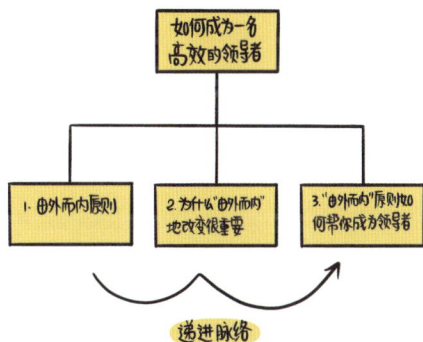

递进脉络是按照事物的内在联系或者人们认知事物的过程来进行信息排列的，我通常会选择路径型的版式布局，如下图所示。结构图中第二层的内容就变成了视觉笔记的二级标题，然后将3个板块展开的内容用图形框框起来，最后用深灰色的箭头作为引导线来引导阅读顺序。

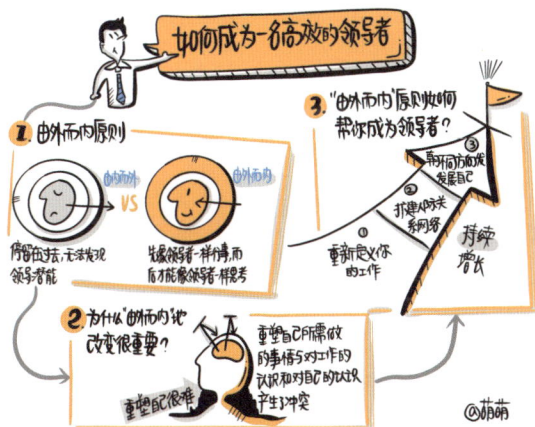

在做视觉笔记的时候，我们可以对输入大脑的重要信息先进行结构整

理，画出结构图。再根据结构图第二层几个模块之间的关系判断文章或演讲稿的脉络，据此来规划和设计视觉笔记的版式布局和呈现细节。

4.3

为信息赋形，做视觉笔记时如何进行结构思考

有了结构性思维，就能够了解讲者的逻辑以及知识点之间的联系，我们就可以变成一台思维的打印机，轻松让隐性的思维显性化。

通过前两小节的学习，我们了解了如何对信息进行整理画出结构图，并根据结构图判断文章的脉络。总结一下结构思考的过程。

第一步，根据输入的信息在大脑中画出结构图。

第二步，判断文章或者课程的脉络。

第三步，根据结构图构思视觉笔记的版式构图和呈现细节。

我们现在用一个具体的案例展示这 3 个步骤，看看它们是如何在做视觉笔记的过程中发挥承上启下的作用的。

案例：根据下面这段"高效能人士的七个习惯"的重点信息片段画出结构图，并根据结构图构思视觉笔记的呈现细节。

高效能人士的七个习惯如下。

习惯一：积极主动。

"积极主动"即采取主动，为自己过去、现在及未来的行为负责，并依据原则及价值观，而非情绪或外在环境来做决定。

习惯二：以终为始。

在做任何计划时，均先拟出愿景和目标，并据此塑造未来，全心投注于自己最重视的原则、价值观、关系及目标之上。

习惯三：要事第一。

无论迫切性如何，个人与组织均要更多聚焦要事。重点是，把要事放在第一位。

习惯四：双赢思维。

"双赢思维"是一种基于互敬、寻求互惠的思考框架与心意，目的是分享更多的机会、财富及资源，而非敌对式竞争。

习惯五：知彼解己。

当我们不再急切回答，改以诚心去了解、聆听别人，便能开启真正的沟通，增进彼此关系。

习惯六：统合综效。

创造第三种选择，既非按照我的方式，亦非遵循你的方式，而是采用第三种远胜过个人之见的办法，一种创造式的合作（1+1 > 2）。

习惯七：不断更新。

在身体、精神、智力、社会、情感层面不断更新自己，提升其他六个习惯的实施效率。

第一步：根据输入的信息在大脑中画出结构图。

这段信息的主题是"高效能人士的七个习惯"；第二层的内容可以通过段落中的小标题进行判断，就是"积极主动""以终为始""要事第一"等七个习惯；第三层则是每个习惯的展开介绍。

我们对信息进行分类分层，在大脑中会形成类似如下的结构图。

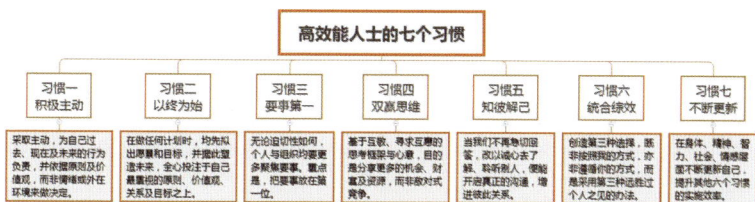

当然，这个将信息结构化的速度是非常快的，实际操作时我们不用真的在纸上画出上面这样的结构图，而只是在大脑中形成即可。

第二步：判断文章或者课程的脉络。

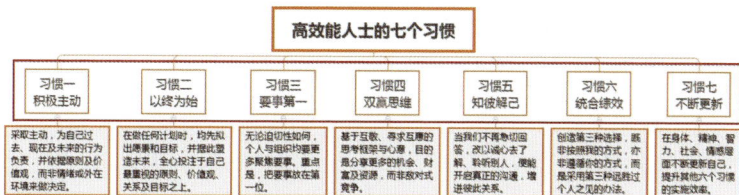

通过观察结构图第二层信息块，可以得出七个习惯属于并列关系，文章是按照并列脉络来构建信息的。

第三步，根据结构图构思视觉笔记的版式构图和呈现细节。

一张结构图都能对视觉笔记的后续呈现产生哪些影响呢？包括版面布局、区块划分、文字层级 3 个方面的影响。

（1）对版面布局的影响。

我们可以根据文章的脉络，判断和选择视觉笔记的版式布局，让内容的结构一目了然。刚刚已经判断出案例是按照并列脉络排列信息的，很适合用放射型的布局展示。中间是主题内容，七个习惯分别排在主题周围，让人一看就知道七个板块的内容是并列关系。具体的版式布局选择，在下一课中也会讲到。

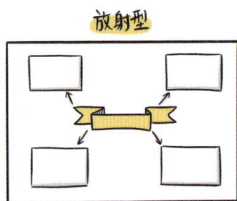

通过布局表达信息的结构，好处是别人只要看一眼这份笔记，不需要深入细节，仅凭构图就能知道知识点之间的关系。

（2）对区块划分的影响。

之前有人会有疑问："我该怎么判断用图形框把哪部分进行区分呢？"这里就给出了答案。我们会用图形框把结构图中表达同一内容的所有信息框起来，跟其他部分区分开，这样就达到了信息分类的作用。

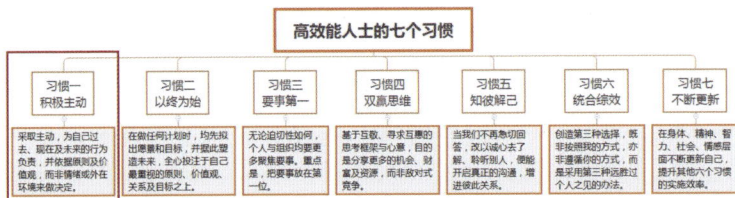

在"高效能人士的七个习惯"的案例中，每一个习惯是一个子板块，我们很自然地就知道该把这一个子板块的信息用图形框框在一起，最终会画出七个图形框。

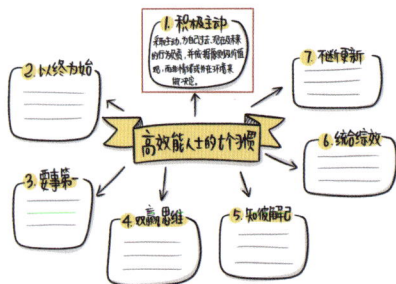

（3）对文字层级的影响。

前面经常讲到，我们在做视觉笔记时，要注意字体大小的变化，主标题最大，二级标题次之，内容文字更次。当我们把信息结构化以后，结构图中位于第二层的内容就是二级标题了。

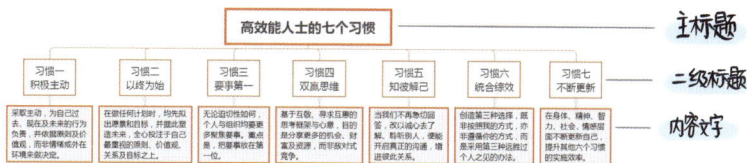

在案例中，"积极主动""以终为始""统合综效"等内容位于结构图的第二层，可以作为二级标题写出来。二级标题的文字要写大一些，后续的延展文字写小一些，这样就能很好地展示出信息间的层次关系。

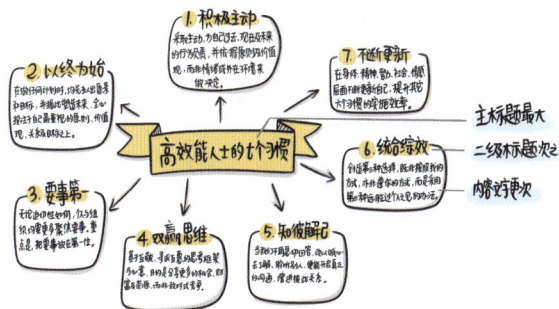

这个案例的结构相对简单，很容易做出判断。还有很多文章的结构并不是一眼就能看出的，根据内容画出结构图就非常必要，这能够帮助我们快速构思视觉笔记后续的呈现细节。

以上就是制作视觉笔记时进行结构思考的全部过程。虽然讲者讲课的时候，只能按照线性结构一字一句地讲述出来，但是我们通过对信息进行结构整理，用版式布局、图形框、引导线、文字的大小变化，让隐性的思维显性化。这样任何人在看到这篇笔记的瞬间，就能了解到整体内容的逻辑结构，非常有助于知识的记忆和理解。

4.4

巧用结构图示，让信息展示有层次

你玩过俄罗斯套娃吗？大的娃娃里套着小的娃娃，每打开一层都有无限惊喜。

其实知识和信息的结构也是如此，在大结构中也会套着小结构。比如一个按照时间脉络画出来的笔记，其中一部分的信息使用金字塔结构图示表现出来，这就是大结构里套着小结构的完美体现。

这样说可能比较抽象，我通过下图来进行具体说明。很多初学者的视觉笔记都是左图的样子，整体有一个大的框架，但是在图形框里记录子内容的时候，只会选用项目符号把文字一行一行地列出来。这样做可以，但当子内容有自己的结构时，其实还有更好的展示方案，如右图所示。

我们可以根据子内容的具体情况，用与之匹配的图示来表达，这样就能更直观和形象地展示出信息的本质。我汇总了常用的 4 类图示，包括流程结构图示、递进结构图示、层次结构图示、对照结构图示。

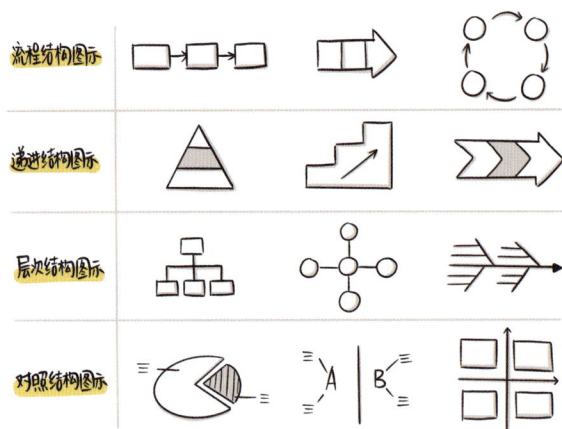

做视觉笔记时，你可以根据具体信息内容选择与之匹配的图示。你会发现，这些图示天生就可以生动地表达信息结构。一般来说，对图示的使用有以下 3 种方式。

一、把文字信息填入图示中表达信息

这是一种很简单的使用方法，当我们听到或者看到的内容符合某种结构关系时，就直接把文字信息填入对应的图示中进行呈现。

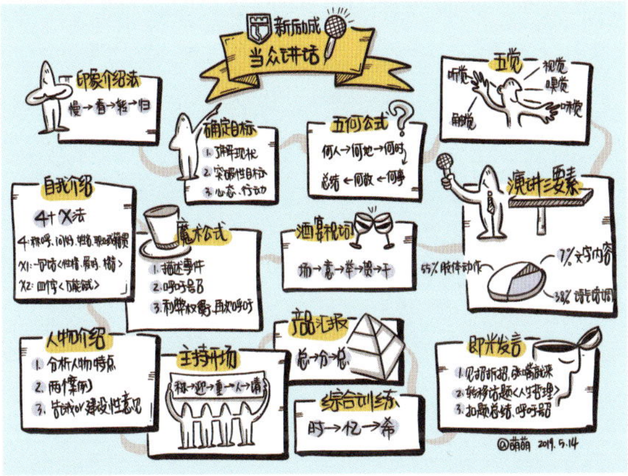

比如在这张"当众讲话"的视觉笔记的"演讲三要素"的板块中，讲者讲到了"文字内容占比 7%、语气语调占比 38%、肢体动作占比 55%。"我想到这部分信息可以用对照结构图示中的饼状图表示，于是直接把文字添加到饼状图周边，就很好地表达出了几部分内容的占比关系。

二、图文与图示融合表达信息

我们不仅可以将文字信息填入图示中表达信息，还可以搭配图形，效果就更生动、直观了。

比如从这张"照顾彼此需求，懂才能更好地爱"的视觉笔记中，你能发现我用到了几个图示吗？

首先是左下角的部分，我用了阶梯图标表示递进关系，然后配上了文字表示递进的不同阶段。

对比一下原文。

> "一开始两个人度过爱情的甜蜜期，走入婚姻之后，很可能会出现忍受的情况。如果两个人彼此都能理解对方，知道对方很可能只是有着和自己不同的行为风格，这时候忍受就变成了接受。再往下走，共同生活中彼此培养越来越多的默契，彼此增加了解，真正懂得对方，最后就能够非常好地享受这段关系。"

我听到这段文字的思考是：从忍受到接受再到享受，是夫妻关系逐渐升华的一个过程，所以我才选择使用递进结构图示中的阶梯图来表达。我在对应阶梯的下方写上"忍受""接受""享受"的文字，在对应阶梯上方画出与文字匹配的夫妻状态，就精简而传神地传递了这段话的内容。

其次，在这张视觉笔记的右侧，我用了矩阵图来表示对照关系。原文讲到了父母应该如何使用 D、I、S、C 4 种行为特质来对待孩子。用矩阵图示配合图像、文字就能很好地将 4 种行为特质对应的内容对比着展示出来。

三、把图示放大，成为视觉笔记的整体构图

图示不仅可以局部使用，还可以放大到整体使用，将其作为整张视觉笔记的版式构图。

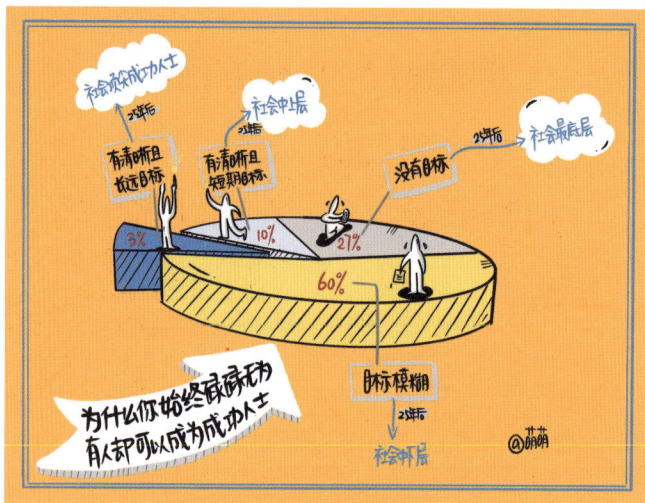

比如在这张"为什么你始终碌碌无为，有人却可以成为成功人士"的视觉笔记中，我就直接把对照结构图示中的饼状图放大，做成视觉笔记的整体构图。

原文是一个实验的结论：27%的人，没有目标；60%的人目标模糊；10%的人有清晰且短期目标；3%的人有清晰且长远目标。后文还讲到了不同人群在25年后的生活状态。

我注意到文案中有百分比和人的分类，所以选择用饼状图表示。我把饼状图按照文案中的百分比大小划分区域，并在每个区域对应画上不同状态的小人，就很直观地把原文的内容展示出来了。

这就是图示的力量，在不同的图示里添加内容，就可以更直观、形象、清晰地表达内容。

特定的信息可以指引我们选择适合的图示。如果你现在对于图示的选择不是很熟练，可以去看一些现成的思维模型，也就是前人创造出来的、帮助我们认识和理解世界的模型，这些模型通常都已经与图示进行了完美的结合，是视觉图示经典的运用。

比如大家熟悉的时间管理矩阵，就是运用矩阵图把事情分成重要且紧急的事情、重要不紧急的事情、不重要但紧急的事情以及不重要不紧急的事情。针对不同的事情要采取不同的策略来进行有效的自我管理。

再如马斯洛需求层次理论，是运用递进结构图示中的金字塔图将人的需求从低到高依次分为生理需求、安全需求、社交需求、尊重需求和自我实现需求。金字塔从下端到上端，很好地表达了人类需求层次的提升。

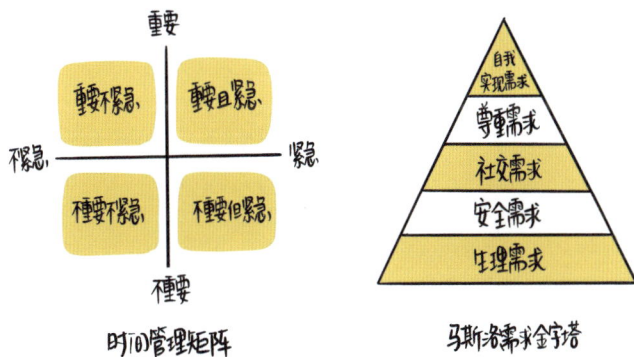

时间管理矩阵　　　　　马斯洛需求金字塔

这些都是理论和图示的完美结合，平时多观察和记忆这样的思维模型，可以帮助我们在做视觉笔记时更精准地选择图示。

4.5

随堂练：识别文章结构，养成结构化思维

一、练习要求——画出文章的结构图，并判断文章脉络

扫描右方的二维码，再次阅读文章《找对大目标，你的时间才能被高效利用》。在上一课的练习中，我们已经对文章内容进行了过滤提炼。现在请在此基础上，根据本课所学画出结构图，并判断文章的脉络。

扫描二维码阅读文章

二、练习拆解——画出结构图的思考过程

这篇文章因为有小标题，所以结构框架非常明显，在过滤信息时我们也已经列出了大纲。

结构图的最上层是文章的标题"找对大目标，你的时间才能被高效利用"。第二层是文章的 4 个小标题。第三层，是对每一部分的进一步阐述。

结构图画好后，我们再对第二层的 4 个小标题进行横向比较，很容易发现它们是按照递进脉络排列的。

三、课后思考——文章的结构对视觉笔记呈现的影响

依据本章所学思考，根据信息画出的结构图对于视觉笔记的版式构图、图形框、引导线、文字大小都会产生哪些影响。

4.6

课后答疑：一开始不知道讲者会讲什么，没有课件而且内容很散，怎么判断信息的结构

做即时视觉笔记时，如果讲者的逻辑清晰或是课件的结构一目了然是非常幸运的事情，有的讲者一上来就会告诉大家他的分享大纲，还会使用非常明显的关键词，这时候我们很容易对信息进行结构整理。

但是不排除有些讲者没有课件，想到哪就说到哪，要点也很模糊，让人听起来毫无头绪。这时候如果想把他讲的内容结构化就比较困难，需要我们从信息间进行检索，找到一些蛛丝马迹。

首先我们要找到结论性语言，结论语也有一些指示词，比如"因此""表明""告诉我们""所以""这就证明"等。听到这些词就知道后面可能接着讲者的结论。另外人们在表达的开头和结尾也会呈现结论。然后根据结论去总结、证明这些论点的相关信息、案例和故事。

通常在这种情况下，我会选择用路径型的结构去构图，把经过过滤提炼、结构整理的信息一部分一部分地呈现出来，最后用引导线对其进行串联。

5 构图

用模板布局，让人一眼看到重点

正所谓"意在笔先"，下笔前要先想好整体的排版布局，才能更加系统地呈现内容。上一阶段我们把信息做了结构整理，根据结构就能为笔记匹配适合的构图。规划笔记的版式构图，是做视觉笔记的第三个环节。

构图看上去千变万化，其实可以归纳为 4 种常用的构图模板。在实际操作时，我们只要选择相应的模板，再把信息填充到模板中就可以轻松搞定一篇视觉笔记。

那么如何对应纷繁复杂的信息选择构图？本课马上为你揭晓答案。

5.1

4 种基础模板，画出结构清晰的视觉笔记

有很多伙伴都提出过这样的问题，"面对一张空白的纸，我不知道从哪里开始画。""我该怎么把图像和文字摆放在一起才好呢？真是无从下笔啊！"

其实无论是写字、画画还是文章创作都讲求"意在笔先"，也就是下笔前先做好谋篇布局。视觉笔记也是如此，在呈现信息前得先有一个好的构图。

视觉笔记看上去千变万化，但是拨开表面的迷雾触及本质，基础构图可归纳为 4 种视觉模板。

（1）线型。

（2）路径型。

（3）放射型。

（4）模块型。

不同脉络的文章或演讲推荐使用不同的视觉模板构图，我在下面这张图中进行了总结。在做视觉笔记时，先根据信息的内容和结构判断出文章脉络，再对应选择模板布局，就再也不用担心自己无从下笔了。

	线型	路径型	放射型	模块型
时间脉络	✓	✓		
并列脉络			✓	✓
递进脉络	✓	✓		

比如呈现时间脉络的信息，适合用线型或者路径型的模板来构图，因为这两种构图模板都能够体现出时间的流动性，做出来的笔记就与内容相

得益彰。呈现并列脉络的信息，就适合选择放射型或者模块型的模板来构图，因为这两种模板能够体现出信息在空间上的并列结构关系。而呈现递进脉络的信息，因为上下部分之间存在着某种内在联系，我们就可以用线型或路径型的模板来构图表示这种关联性。

下面就针对每种视觉模板做具体的说明和案例分析。

一、视觉模板——线型

1. 模板特点

线型的版式构图与我们做线性笔记的方式类似，把信息块按照从左到右或者从上到下的顺序排列在笔记上。

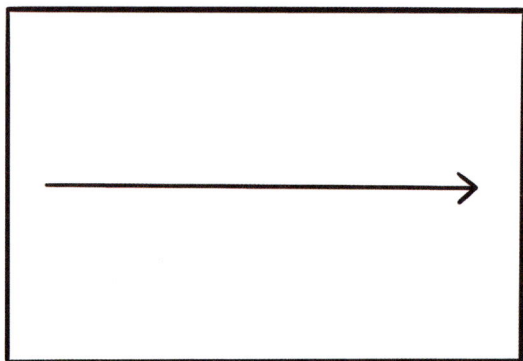

线型

2. 适用范围

对于呈现时间脉络或者递进脉络的文章、课程内容，可以选择线型的视觉模板来构图，呈现效果规整也符合人们的阅读习惯。

只是由于线型构图缺少创意和变化感，在做视觉笔记时我用得不多，但是它特别适合用来做课程卡片。

3. 案例详述

在"秋叶商学院写作特训营"中学习时，我使用了竖版的线型构图，把每节课的内容要点汇总做成一套课程卡片。它的功能是帮助自己和训练营的小伙伴进行知识吸收与复盘。下页图是针对第6课"清单式写作"的内容画的课程卡片。

做笔记时从上到下依次记录信息即可，课程标题和副标题写在最上方，然后将每个知识点的核心内容分版块呈现，每个部分都是先列出小标题，再用图文结合的方式做信息解读。

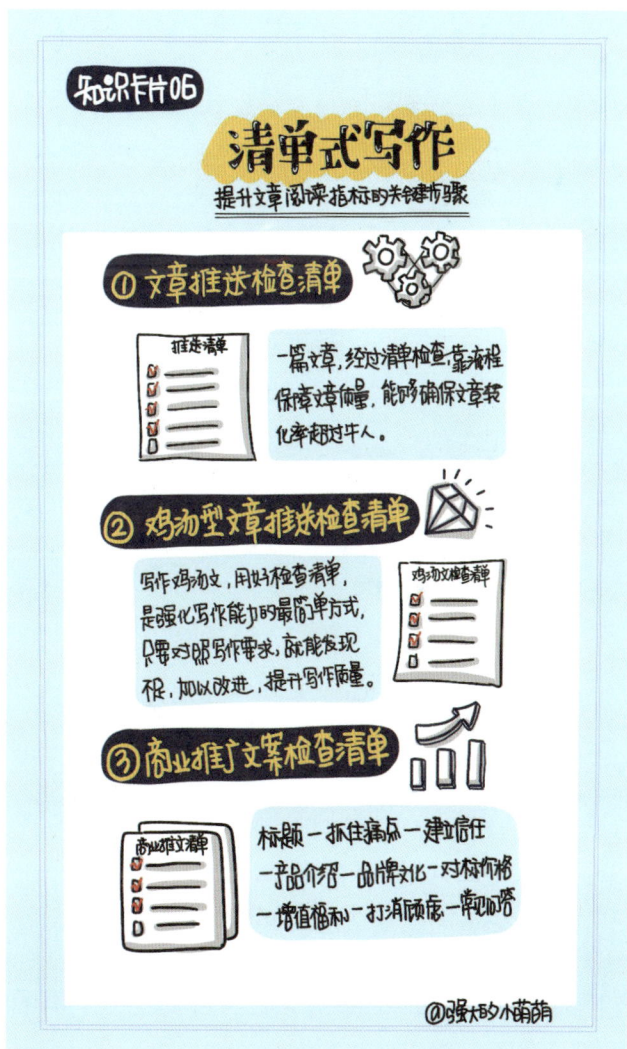

再举一个例子，下面这张视觉笔记是我在参加今日头条"头条公开课训练营"时做的，这个训练营一共有 9 节课，我依然把每节课的核心内容做成了课程卡片。案例中是对第 2 课"如何提高审核通过率，牢记 6 条发文红线"的内容要点的记录。

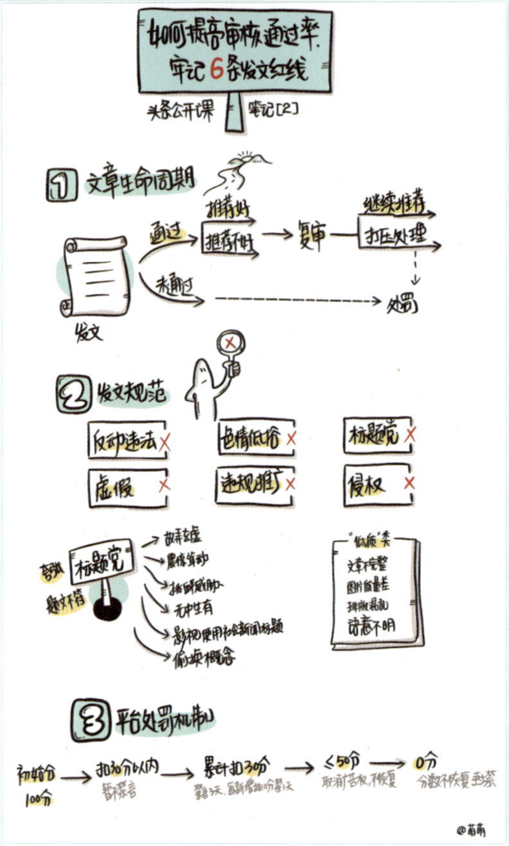

实际操作时，同样是将课程标题写在最上方，然后将课程内容的第一点到第三点从上到下依次排列。

这两套课程卡片不仅帮助我更好地记忆课程知识，还让我在社群中脱颖而出，成为当期训练营的明星学员，得到了很多合作的机会和资源。所以如果你想要在训练营或培训中更好地学习和展示自己，也可以尝试用线型视觉模板制作课程卡片来输出重要知识点。

从上面两个案例可以看出，线型构图虽然缺少变化，但是在视觉呈现效果上很规整，适合做专业性较强的知识类视觉笔记。

二、视觉模板——路径型

1. 模板特点

在路径型的版式构图中，内容信息块以路径的形式排列在笔记上，信息块之间由引导线串联，形成一条弯曲的小路的视觉效果。

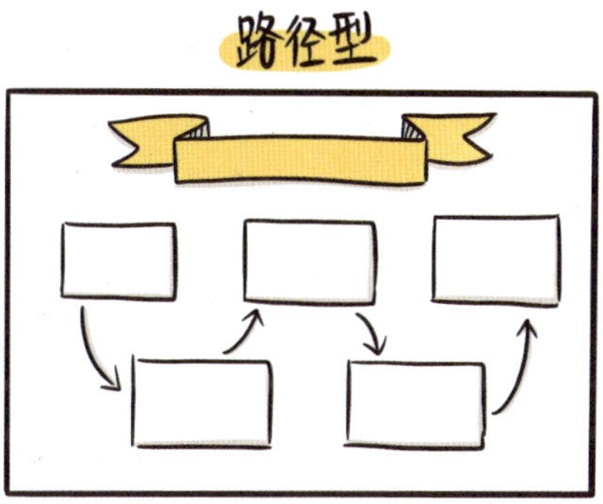

路径可以是 W 形，也可以是 U 形、S 形等，具体路径的形状由信息块的多少决定。

2. 适用范围

对于时间脉络、递进脉络的文章或课程内容，推荐选择路径型的视觉模板。模板中的路径就象征着时间线或者流程线把每一个节点连接起来，在记录工作流程、一天的安排或是事情的发展过程、前后有递进关系的课程内容时都可以选择路径型构图。

其实路径型的版式构图应用范围很广，因为它构图灵活，所以对各种情况的适用度都相当高。每当我不知道选择什么版式来构图时，最有可能选择的就是路径型。比如在做即时视觉笔记时，有时无法提前了解讲者要讲什么、讲几点，就可以选择路径型模板构图，实际操作时，只要很随意地在纸上记录若干信息块，最后用一条线或者箭头将信息块串联在一起即可。

3. 案例详述

下图是阅读《把时间当作朋友》关于"学习"这一课的读书笔记，这一课一共有 5 节内容，"效率本质""基本途径""主要手段""经验局限""自学能力"在学习的大主题下存在着内在的递进关系，所以选择路径型的视觉模板进行呈现。

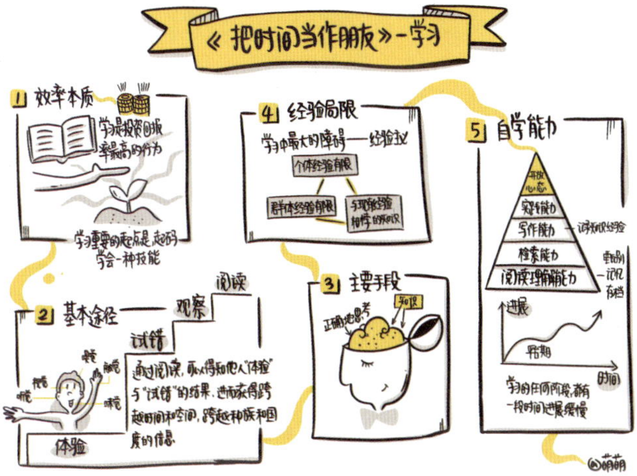

一张图 家庭版烤鱼做法

这张视觉笔记记录了"家庭版烤鱼做法",因为是流程性内容,就选择了竖版路径型构图。

可以看到家庭版烤鱼一共有 8 个步骤,每一步我都用橙色的圆形作为背景色块,最后用一条灰色的引导线把第 1 步到第 8 步的信息块串联起来,形成了一条蜿蜒的"小路"。这条"小路"就起到了引导阅读顺序的作用。

三、视觉模板——放射型

1. 模板特点

对于放射型的版式构图,把主题画在中间,在主题的四周以放射状排列若干个并列的信息块。

2. 适用范围

并列脉络的文章因为有并列的很多个观点，所以适合选择放射型的模板来构图。放射型模板还可以用来说明某个人、物体、事件的属性，比如做产品介绍、自我介绍等。

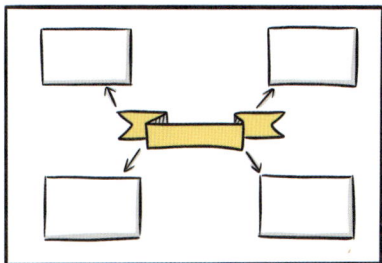

3. 案例详述

这张"职场 6 点注意"的视觉笔记就使用了放射型的模板，主题文字和图像在中间，6 个职场人需要注意的事项用图文结合的方式记录在四周，并用橙色的对话框作为背景色块形成信息块。

虽然这篇视觉笔记的内容比较简单，但是可以看出放射型的构图完美地诠释了中心主题与并列的几个信息块之间的关系。

再看这张"如何拥有让人崇拜的强大气场"的视觉笔记，同样使用了放射型的模板。与上一个案例不同的是，将主题的文字信息写在了笔记的正上方作为标题，在中间画了一个高举麦克风、拥有强大气场的职场人形象作为中心图像。然后从中心图像向外延伸出 7 个箭头，分别指向 7 条建议。这也是放射型模板的一种使用方法。

四、视觉模板——模块型

1. 模板特点

模块型版式构图是用图形框把视觉笔记分成不同的区域和模块，在每个模块中记录信息的构图方式。

2. 适用范围

并列脉络的文章或课程内容除了使用放射型模板，也可以选择使用模块型模板。如果你要记录的每个模块中的信息较多，就更推荐使用模块型的版式。

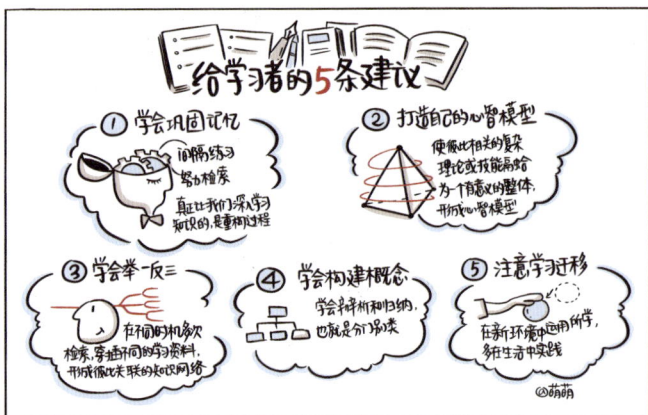

3. 案例详述

这张"给学习者的 5 条建议"的视觉笔记就运用了模块型的视觉模板，主题在整张版面的正上方，5 条建议分别用云朵框分隔成 5 个模块，这种构图让人一看就可以了解信息之间的并列关系。

线型、路径型、放射型、模块型，是视觉笔记构图的 4 种基础视觉模板。需要注意的是，在实际操作时并不是某一内容一定要使用哪种版式，大家可以不断地进行实践练习，多去尝试不同的组合，慢慢就能找到灵活匹配内容和版式构图的感觉。

5.2

7 种隐喻图形，做出有温度的笔记

上一节我们学习了构图的 4 种基础视觉模板，但是如果你想让视觉笔记更加生动、带有温度，就要用到一种更加高级的隐喻型模板。

隐喻型版式构图是由隐喻构成的视觉模板。之前我们讲过，隐喻是用一个人们很熟悉的事物去认知一个并不熟悉或者抽象事物的方法。所以隐喻型的模板加入了我们对事物的理解和情感因素。

隐喻型模板没有固定的形式，需要我们通过联想一个与记录内容的特性匹配的事物并将其画成框架，然后把要记录的内容对应着填充进去。

比如上图是我们经常会用到的旅行隐喻框架图，如果要记录跟目标愿景相关的信息，就可以结合旅行隐喻构图，让人们将达成目标愿景的过程与旅行的感觉联系在一起，产生一种特殊的情感共鸣。对于任何结构的文章和课程，如果我们能够想到与之匹配的隐喻，都可以把隐喻画成框架来填充内容。

看到这里可能有人会提出疑问："既然线型、路径型、放射型、模块型的视觉模板已经能满足视觉笔记的基本构图需求，为什么我们还要费尽心思去构想隐喻模板呢？"

可以这样理解，基础模板做出来的笔记就像是在"讲道理"，而隐喻模板做出来的笔记像是在"讲故事"。

假如一个孩子玩完玩具总是喜欢随意摆放，导致家里每时每刻都乱糟糟的，你怎样才能让孩子意识到把玩具归位的重要性呢？有的家长会对孩子说："玩具不要随意摆放，从哪儿拿的就放回哪儿去。"只是这样讲道理孩子大多不愿意听。

如果换一种说法就不一样了："每个玩具都有自己的家，如果它不按时回家，它的爸爸妈妈会着急的，快点送它回家吧！"孩子听了通常就会照做。因为在孩子有限的认知中，对家和家人的概念可以产生共鸣，用"玩具回家"做隐喻，就比单纯讲道理的效果要好很多。

同样地，我们在做视觉笔记时，单纯地按照基础视觉模板记录其实也没有问题，但这样就像是"讲道理"的记录。运用隐喻型视觉模板就像是在"讲故事"，能把人迅速带入一个特别能引起共鸣的情境中。

而且用隐喻模板来构图，所有的信息就像被一条"故事线"串联在一起形成一个大画面，内容表达会更加精准和灵动。

可惜隐喻模板不像其他几种模板那样有固定的样式，似乎我们只能凭空想象，感觉很难操作。

为了解决大家不知道如何构思隐喻模板的问题，我在下面列出了职场人常用的七大隐喻模板，并标注了相关的使用范围。在记录内容时，我们可以直接把信息对号入座地填入框架中。

当然了，模板是"死"的，内容是"活"的。在做视觉笔记时不可能所有的内容都和现有模板完全匹配，所以在每一个隐喻模板下方，我还列出了与该主题相关的一些视觉元素。做视觉笔记时，我们还可以根据内容在模板中添加这些额外的图形元素来承载信息。

一、旅行隐喻图——目标达成类

1. 模板样式

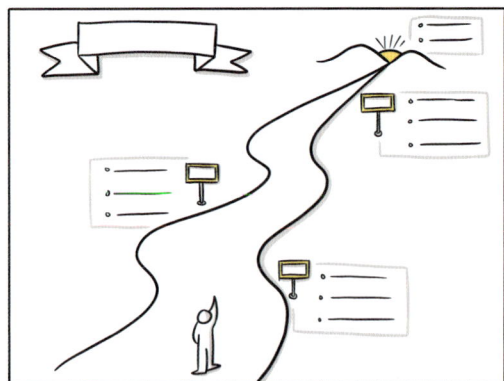

2. 适用范围

旅行象征着我们终将到达一个自己梦想的目的地。该模板适合记录清晰的愿景、目标达成方面的内容。

刚刚已经介绍了旅行隐喻图的使用方法，我们可以把要达成的目标写在远方的太阳附近，在路牌旁边的图形框中填写达成目标需要做到的阶段性步骤。

3. 相关元素

前往目标的旅程也许并不是那么一帆风顺，这里的风、云、雷电、警示锥桶、陷阱等图标可以用来代表达到目标会遇到的外界阻碍，而汽车、热气球、飞机等交通工具可以代表更快达到目标的工具方法，地图、旅行箱图标则代表为了达成目标所做的一些准备事项。

我们可以根据自己要记录的内容，在原始框架模板中添加相关的视觉元素来和信息进行匹配。

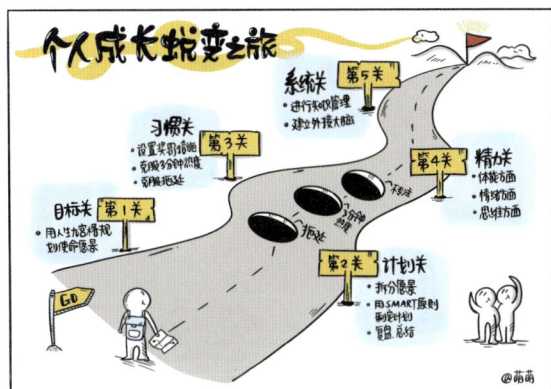

上面这张"个人成长蜕变之旅"视觉笔记就是运用了旅行隐喻图的模板，内容是要想达成个人成长的目标要经历 5 个关卡的考验，我将每个关卡的具体内容记录在道路两旁。在旅行隐喻图中还额外加入了一些相关元素，比如小人手里拿着的地图代表攻略。道路上的 3 个陷阱则分别对应着阻碍个人成长的拖延、3 分钟热度和不专注的问题。

二、冰山隐喻图——现象本质类

1. 模板样式

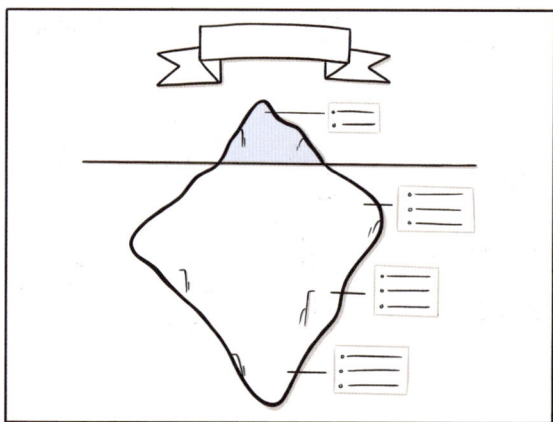

2. 适用范围

这里的冰山分为冰山以上的部分和深藏在海底的冰山以下的部分，适合记录与一个事物的现象和本质相关的内容。

露在海面上很小的部分代表人们看到的问题表面，而隐藏在水底更大的部分则是造成问题的真正潜在因素，通过将信息添加到对应的区域中，就能更生动形象地呈现内容。

3. 相关元素

在冰山隐喻图中我们同样可以添加一些元素来增加意义，比如在冰山上画几只企鹅来映射人们的一些行为,在海里画鲨鱼来表现危机和挑战,在海底画一个宝箱来代表资源、宝藏或是有待开发的内容。潜水艇和潜水员配合相应的文字则可以代表正在探索本质的人们的一些思考。

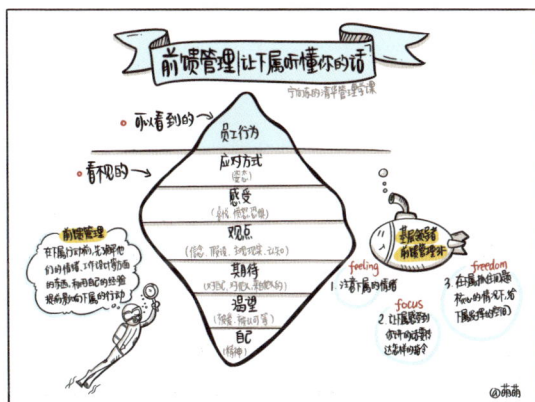

这篇关于"前馈管理"的视觉笔记就使用了冰山隐喻图,因为前馈管理说的是"所有下属的行动都是基于一些对于完成任务的准备动作、工作设计和实施方法,而这些动作、设计和方法又基于他们的情绪、信念、态度。"

下属的行动就像冰山水面上的部分,是可以看到的,但情绪、信念、观点是看不见的。前馈管理就是要领导者在下属行动之前,了解他们情绪等方面的因素,提前影响下属的行为。所以在图中我们就可以用潜水员和潜水艇的造型来匹配前馈管理的理论、方法的相关内容。

三、海洋隐喻图——方向指引类

1. 模板样式

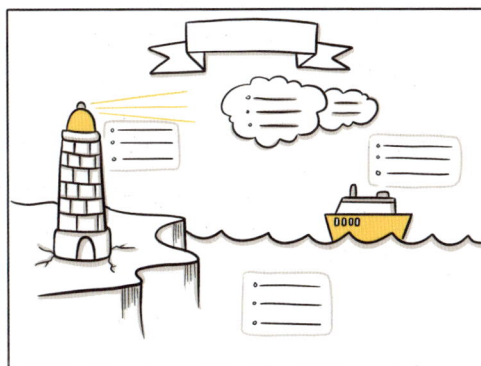

2. 适用范围

海洋有时风平浪静，有时又波涛汹涌，灯塔的存在可以指引船只找到正确的方向。海洋隐喻图可以用来记录目标达成、公司发展战略等方面的内容。

我们可以在灯塔处填写未来的目标，在轮船上面的图形框里填写自己或者团队的现状，在天空中的云朵框里填写环境情况，在海底的图形框中填写其他要素。

3. 相关元素

在海洋隐喻图中可以添加的视觉元素也相当丰富，比如我们可以画一个海上漂流瓶来代表个人的心愿或想法，在帆船上画几个小人来代表团队协作，画一个船锚代表避险的措施。

海洋隐喻图与上面讲到的冰山隐喻图由于主体内容都跟大海有关，所以这些相关的视觉元素是通用的。

这张"如何制定战略和执行战略"的视觉笔记采用了海洋隐喻图作为模板。笔记中，用灯塔代表企业的战略，灯塔发出的光引出了制定公司战略的 3 个原则。用轮船代表企业，轮船上手拿旗帜的小人则代表公司的领导者，轮船周边是战略执行部分的具体内容。

四、宇宙隐喻图——探索未知类

1. 模板样式

2. 适用范围

浩瀚的宇宙充满了神秘的色彩，人们总是对宇宙充满各种想象。所以宇宙隐喻图可用来记录探索未知、公司战略、人类未来、科技发展等方面的内容。

我们可以在地球上方的图形框里记录现状，在远处插着旗帜的星球附近记录想象的未来画面，火箭则是我们通往未来的工具，地球与星球之间的小路内可以记录到达未来世界的一系列行动方案。

如果是记录人类未来、科技发展主题的内容，则可以适当对版式进行调整。

3. 相关元素

宇宙隐喻图除了太阳、星球、星星等常规元素外，我们还能联想到宇航员、不明飞行物、雷达、太空探测器、外星人等相关的视觉元素，做笔记时要根据记录的内容进行匹配。

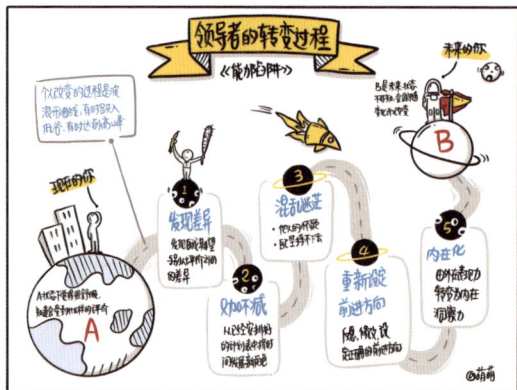

这张"领导者的转变过程"的视觉笔记就是宇宙隐喻图的应用案例，记录了领导者转变的 5 个阶段。在宇宙隐喻图的基础上根据内容做了如下设计，左下角地球上的小人代表"现在的你"，右上角星球上的宇航员代表"未来的你"，我将转变的 5 个阶段的序号用星球表示，并用一条灰色的路径将几个阶段的信息块串联起来。

有人可能会问：这个内容跟目标达成也有关系，为什么选择宇宙隐喻图而不是旅行隐喻图呢？原因在于原文中说到领导者的转变过程是无法预测的，我们无法一开始就准确了解未来的目标，而是要先行动起来，边做边探索。如果目标是既定的，就可以使用旅行隐喻图，但对于一个未知的目标，使用宇宙隐喻图更为合适。

五、悬崖隐喻图——风险阻碍类

1. 模板样式

2. 适用范围

悬崖象征着问题与危机，所以悬崖隐喻图可以记录面对风险的应对方案、问题解决类的内容。

通常我们会在左边的悬崖上方记录现在正面临的问题，在右边的悬崖上方记录未来理想的样子，中间的箭头上方则可以记录问题的解决方案。悬崖的深渊象征着解决问题可能会遇到的阻碍。

3. 相关元素

在悬崖隐喻图中，我们可以画一个梯子作为连接两边悬崖、走向未来的工具。画几个小人来代表团队协作，在悬崖下方画一些鲨鱼或者食人鱼来代表可能遭遇的威胁和挑战。这些图形都能使画面更加生动。

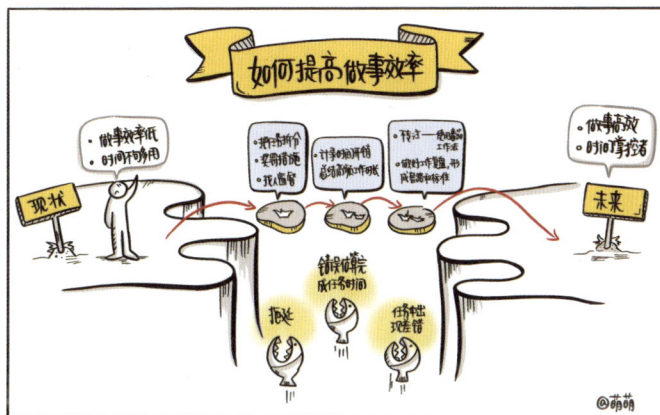

这张视觉笔记是我对于"如何提高做事效率"这个问题的思考，采用了悬崖隐喻图。悬崖两边分别是现状和未来，悬崖下方的食人鱼顶着3个我面临的提高做事效率的阻碍，上面的3个垫脚石则对应着解决方案。

六、大树隐喻图——结果达成类

1. 模板样式

2. 适用范围

大树象征着生长、成长、结果，可以记录结果达成、产品研发、组织结构类的内容。

在土地中大树的根部聚集着很多图形框，它们象征着开发产品所需要的资源和配置，树干上可以填写产品的核心价值，树叶上可以填写最终将获得的成果。

3. 相关元素

大树隐喻图的相关元素也都有自己的价值。比如喷水壶可以代表第三方合作的资源；苹果代表最终产品的收益；铁锹平时都是用来松土的，可代表外界的助力。

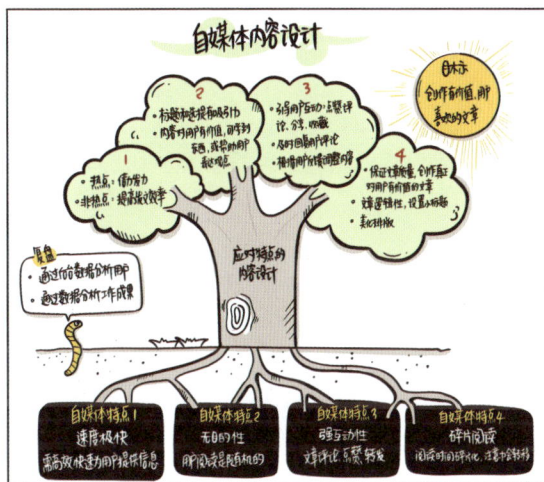

这张"自媒体内容设计"的视觉笔记选择了大树隐喻图，我们在自媒体上创作的内容，应该由自媒体特点和用户需求决定。大树根部的图形框里是自媒体的四大特点，大树上的枝叶则是应对特点的内容设计，一只在松土的蚯蚓讲出了自媒体文章创作要通过后台数据分析进行随时复盘。

七、人物隐喻图——学习获取类

1. 模板样式

2. 适用范围

人物隐喻图的使用率极高，我们平时记录的关于学习成长、自我管理、发散思考等方面的内容都可以使用这个模板。

我会把对课程的思考、想法或得到的结论填写到人物大脑上的图形框中，把具体需要执行的方法类的内容填写到人物双手旁的图形框里。

3. 相关元素

人物隐喻图的相关视觉元素比较灵活，在人物的头脑中画宝藏、大脑，还是一本书的造型，这都要根据所记录的内容而定。下面举一个具体的案例。

这张关于"DISC 的 3 个前提假设"的视觉笔记就运用了人物隐喻图，

我在人物大脑中画了一本关于"DISC"的书的造型，显示出人物正在思考相关问题的状态，同时在大脑中插着的大牌子上记录了课程的主标题。围绕人物画出了 3 个图形框，分别记录 3 个前提假设的内容，就像从人物口中说出了这些内容一样。

对于人物隐喻图还可以适当做一些变换，需要的话，把人物的半身图画成全身图也是不错的选择，这样就能把他的双脚也利用起来。人物手、脚上可以搭配一些视觉元素来表现不同的内容。我们来看一个具体案例。

这张"30 岁以后不想变废，请保持 5 '动'"的视觉笔记运用了变换后的人物隐喻图。在构图时，我们把人物造型的全身都画了出来。

中心图像是一个职场人的造型，职场人身体的各个部位分别对应着主题中所说的 5"动"。"资金靠流动"对应着人物右手举起的银行卡，"成功靠行动"对应着左手拿着的扳手，"关系靠走动"对应着正在向前行走的穿着皮鞋的脚，"健康靠运动"对应着另一只穿着运动鞋踩着滑板的脚，最后"婚姻靠感动"则对应着胸前打开的大门里的红色爱心。

我们用画出的人物与文字内容做相应的匹配，是不是非常形象和难忘？如果直接给你图上的 5 句话去背诵，很难背下来。但有了这张图，我们就可以在大脑中通过搜索人物各部位的状态联想到对应的知识点，这也是很好的图像记忆法。

隐喻模型图帮助我们把孤立的信息点连接到一起形成一个大画面，

既为内容增加了情感共鸣，又体现出各个知识点之间的关联性，让表达更精准，是更加高级的视觉模板。这些隐喻图不仅可以用来做视觉笔记的构图框架，还可以用来帮助自己或团队梳理思路，找到相应问题的答案。

5.3

数字图形构图法，让知识点一目了然

这些年我做了数不清的视觉笔记，发现部分笔记有一个共性——主题都跟数字有关。

比如"掌握 5 个沟通方法，成为人见人爱的销售高手""即兴演讲的 4 个技巧""卓越的职场人，都具备的三大特质""工作 10 年，我的 6 点职场经验分享"等。

通过之前的学习我们知道，这类主题的内容可以采用放射型或者模块型的视觉模板来构图。但是面对这种数字类的主题，当我们想用隐喻大画面来构图但又找不到合适的画面时，还有一个超级好用的小窍门，就是利用题目中数字的特征，为笔记设计独特的构图画面。我把这个构图方法叫作"数字图形构图法"。

"数字图形构图法"的关键在于，我们要选择与题目中的数字有关联的图形作为构图框架，然后将要记录的知识点与图形对应记录在框架中。

举个具体的例子，假如我们现在要做"即兴演讲的 4 个技巧"的视觉笔记，运用这个方法由主题中的数字"4"可以联想到有 4 瓣叶子的四叶草造型，于是就可以用四叶草当作构图的大画面。随后只要把 4 个技巧的具体内容分别写在四叶草的叶子中，就形成了一篇完整的视

即兴演讲的4个技巧
技巧1
技巧2
技巧3
技巧4

觉笔记。

这个方法的特点是，虽然构图框架与主题没有强相关性，但却可以让零散的知识点成为一个整体，方便了知识的记忆。

下面就让我们一起看看含有不同数字的主题如何对应相关图形实现创意构图吧。我以数字"3"、数字"5"、数字"12"作为案例进行讲解。

一、含有数字"3"的主题的视觉框架

看到数字"3"你能想到什么呢？可以问问自己在生活中什么物体是跟"3"有关联的。

由"3"我能联想到三角形、三岔路口、金字塔、领奖台的1、2、3的位置等，在做视觉笔记时，如果遇到跟"3"有关的主题，就可以想想是否可以把这些图形直接画出来当作笔记的构图大框架。

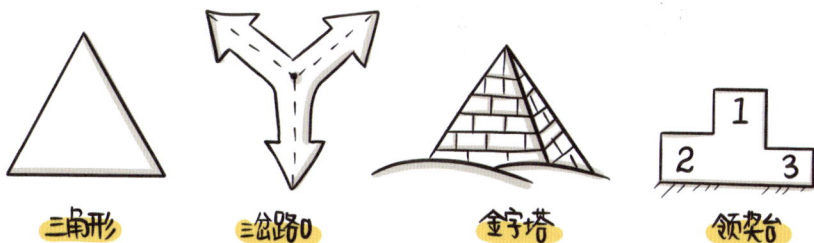

比如"职场迷茫期的 3 个选择"这个主题，我们就可以用到三岔路口作为构图框架。在纸的正中间画一个三岔路口，3 条路的箭头分别对应"3个选择"的具体内容，如下图所示。

职场迷茫期的3个选择

这就是利用与数字"3"有关的图形建立笔记的构图框架,将要记录的内容联结在一起的实例。

二、含有数字"5"的主题的视觉框架

我们再拿数字"5"举个例子,生活中跟"5"有关的物体也是数不胜数,一只手有 5 根手指、五角星、人的五官等。

假如要做一篇主题为"学会这 5 招,职场不被算计"的视觉笔记,看到题目就知道,文章会讲到 5 个不被算计的小妙招。

我们利用与"5"相关的手的造型搭建这篇视觉笔记的构图框架,先在纸的中间画一只大手,将主题写在手掌心上,然后用每一根手指头对应一个妙招的内容,这样一个大的框架就出来了。

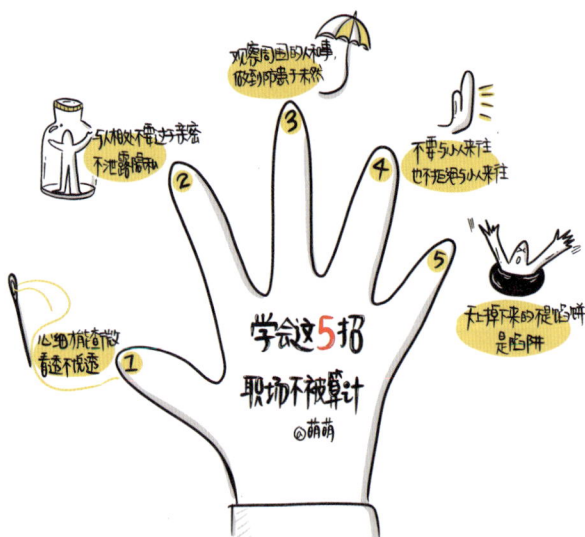

这不仅是一个结构清晰的构图，而且非常巧妙地实现了知识点与图形的对应，方便大家记忆知识。

其实这个"手"的造型是视觉笔记中经常会用到的数字图形框架，因为它可以根据数字的不同做灵活的调整。假如要记录 4 点信息，我们就可以画出"4"的手势；如果要记录 3 点信息，则可以画"3"的手势。

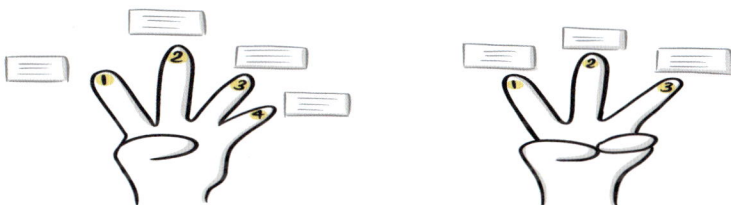

再举一个数字"5"的例子，古典老师的《超级个体》栏目中有一节课是"演讲的五大元素"。由数字"5"我就联想到了五边形，五边形的 5 个角正好可以对应演讲中的"数据""案例""打比方""幽默""金句"这五大元素。

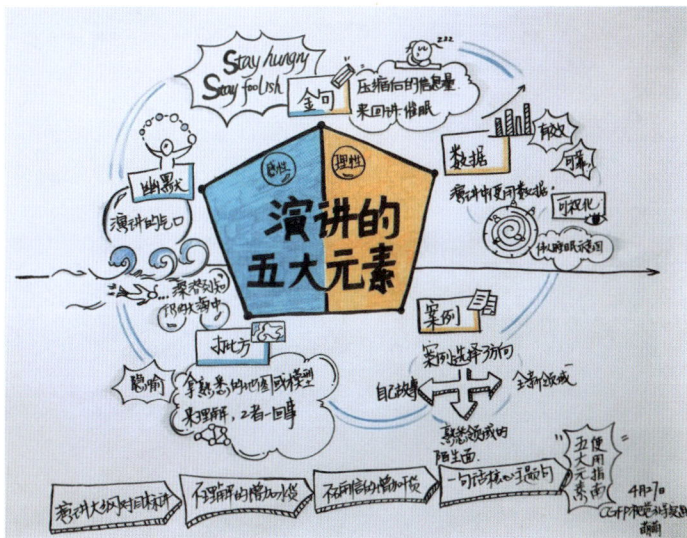

五边形帮助我构建了这篇视觉笔记的初始框架，然后在五边形 5 个角的外部，针对每一个方向展开用图文结合的方式呈现信息，这就做到了结构与美观的和谐、统一。

三、含有数字"12"的主题的视觉框架

因为人类的大脑能一次性接收的信息量有限，所以一般知识点的数量不应超过 10 条，但鉴于"12"是个很特殊的数字，所以我也举一些跟"12"有关的构图案例。

说到数字"12"，可以联想到 12 星座、12 生肖、一年有 12 个月份、钟表的表盘等。曾经看到过一篇《时间管理的 12 种方法》的文章，一下子就想到可以用钟表的造型作为构图框架进行呈现。

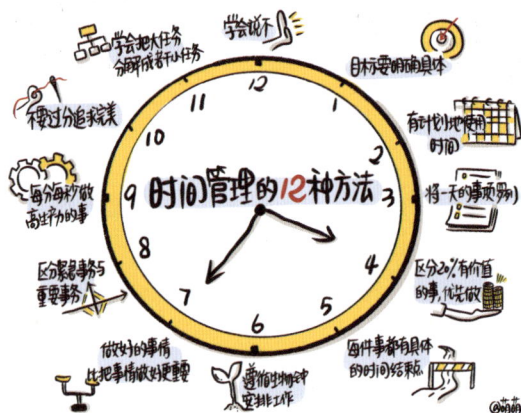

时钟上的每一个数字正好对应一条时间管理方法，12 条信息绕钟表一周整齐地排列开来。画完后我自己都在感慨："钟表的造型简直就是为这个主题量身定制的构图画面。"

如果主题中涉及"6"以上的较大数字，我们还可以利用一些能变换数量造型的物体去构图。比如对于大树的树枝，可以根据主题的数字变换树枝的数量。假如有 10 条信息，我们就画 10 根树枝；假如有 8 条信息，我们就画 8 根树枝。像摩天轮、瑞士军刀都有同样的用法。

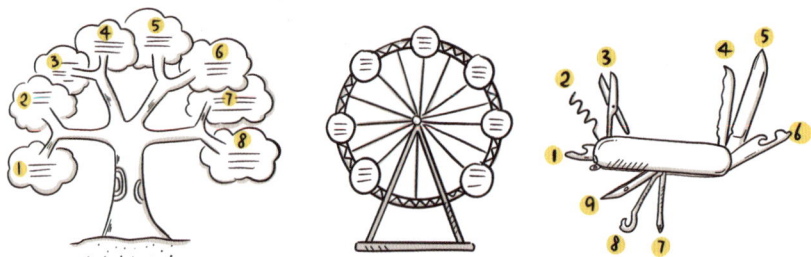

我在下表中将常见数字对应的图形做了汇总，你也可以想一想，除了我列举的这些图形外还有什么物体是可以和数字匹配的，在做视觉笔记时直接将其拿去做框架就可以了。

数字 "2"	太极图、筷子、天平
数字 "3"	三角形、金字塔、三岔路口、三级台阶、领奖台
数字 "4"	正方形、田字格、扑克牌的花色、四叶草
数字 "5"	手指、五角星、五官、五边形
数字 "6"	花瓣图、正方体
数字 "7"	彩虹、七星瓢虫、七大洲
数字 "8"	八爪鱼、螃蟹的8只脚
数字 "9"	九宫格、魔方
数字 "12"	12星座、一年的12个月份、钟表

5.4
分等级整理构图工具箱，刻意练习日益成长

现在我们的"构图工具箱"里已经装了满满一箱子的工具模板，对于视觉笔记新手来说，这么多工具摆在一起，难免有选择困难的时候。

下面我们就一起对"构图工具箱"做一次整理，看看如何在实际操作中更好地选择模板。可以把"构图工具箱"分成两个区域。第一个区域是新手区，存放线型、路径型、放射型、模块型四大基础视觉模板。第二个区域是进阶区，存放隐喻型视觉模板和数字图形构图。

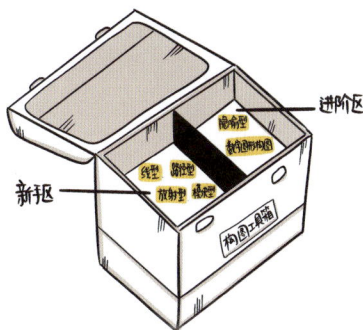

新手期：用熟四大基础视觉模板。

新手对于记录信息的结构判断、版式构图的把控能力还不够强，所以就要秉承稳中求胜的理念，先判断信息的结构和行文脉络，从基础的线型、路径型、放射型、模块型的构图模板中选择一种模板来呈现笔记。

做即时视觉笔记时，大多都会选择四大基础视觉模板构图，因为当我们无法提前了解课程的信息大纲时，选择基础模板构图是方便、快捷的方法。如果遇到讲者分享的内容很散、逻辑顺序不太明显的情况，通常就会选择路径型的版式构图，在呈现时抓取对方发言中的几个核心信息点，然后用一条引导线把所有的信息块串联在一起。

线型、路径型、放射型、模块型是基础的视觉模板，虽然中规中矩、平淡无奇，但能够帮助我们以较快的速度建立构图思考通道。

进阶后：套用高级隐喻视觉模板。

相信在练习的过程中，大家也会发现一些跟我们的隐喻模板非常契合的内容，这时就可以从已知的 7 个隐喻模型图中选择合适的进行套用。隐喻视觉模板能够帮助我们构建一个有"故事"的大画面，将内容中若干个孤立的知识点联结在一起。

还记得吗？在介绍每个隐喻图时我还提供了一些跟该隐喻匹配的相关视觉元素。使用隐喻模板构图时要注意，模板只是一个框架基础，我们可以随意地在此模板上增减图形内容，原则是增加的每一个视觉元素都要跟隐喻的大画面有关联，并且能够对应相关的文字信息。比如在旅行隐喻图中加入一个警示牌的图形，用来表现达成目标过程中会遇到的阻碍。

做非即时视觉笔记时，我们可以尝试使用隐喻型视觉模板构图，因为有充足的时间理解内容、构思画面。多做类似练习，慢慢对隐喻模型图的使用会越来越熟练。

当然，如果遇到包含数字的主题，则可以考虑使用我们在 5.3 节中学到的"数字图形构图法"，结合与数字相关的图形为视觉笔记建立一个整体的构图大画面。

再升级：自由创造模板。

前面给到的 7 个隐喻模型图不能适用于所有的内容，每个人所在的工作领域不同，接触到的信息也是千差万别，当你能够熟练使用这些隐喻模板以后，就可以尝试根据自己的工作领域和经验去创造新的隐喻构图了。

之前在第 2 课讲到隐喻时说过，要想随时画出恰到好处的隐喻，要经常做类比的练习，每当学到一个新的概念，就想一想这个概念是否可以用以前熟悉的事物做类比。同时还要注意平时多观察生活，找到不同事物之间的联系，这样大脑中的隐喻案例才会越来越多。

我们平时积累的隐喻不仅可以用作单点信息的呈现图形，还可以用来当作一篇视觉笔记的大画面构图。

日本剑道有个心诀叫作"守破离"。"守"指的是，最初阶段要认真练习基础达到熟练的境界。"破"指的是，在基础熟练以后，要试着突破原有规范，让自己得到更高层次的进化。"离"指的是，在更高层次得到新的认识并总结，自创新招数，另辟出新境界。

对于视觉笔记的构图，我们从初始只会套用简单模板，到逐渐熟练自由创意构图的过程也遵循"守破离"的心诀，需要一段练习和成长的过程。希望你能够在一次次练习中不断总结、复盘，在实战中创造出多样的构图形式。

5.5

随堂练：熟悉视觉模板，正确选择构图方式

一、练习要求——根据文章结构图，选择视觉模板

在第 4 课的随堂练中，我们已经为文章《找对大目标，你的时间才能被高效利用》画出了结构图，现在请根据结构图选择一个视觉模板。

二、练习拆解——选择视觉模板的思考过程

在第 4 课的随堂练中，我们已经针对文章画出了以下的结构图。

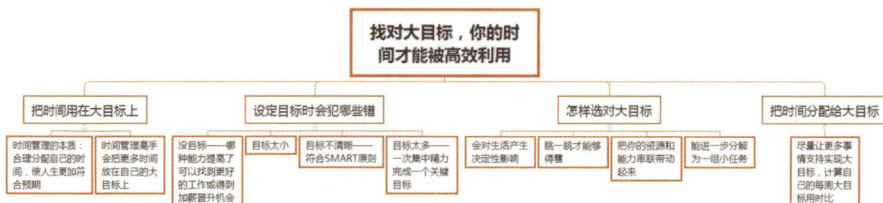

可以看到"把时间用在大目标上""设定目标时会犯那些错""怎样选对大目标""把时间分配给大目标"4个二级标题之间属于递进关系，所以我们可以选择路径型的视觉模板来为视觉笔记构图。

为了直观一点，我画了一个将结构图转换为路径型的视觉框架的参考。

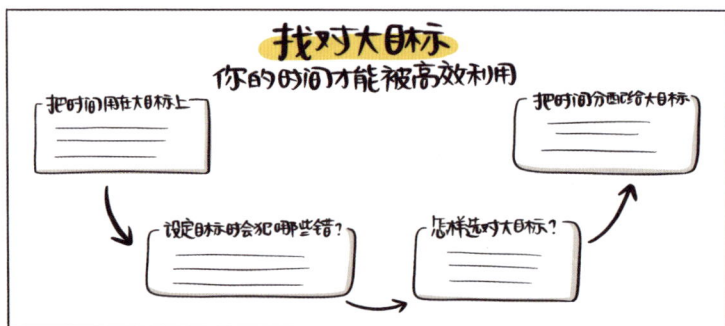

三、课后思考——如何用隐喻来构建这篇文章的笔记框架

做完上面的练习后可以进一步思考，如何用隐喻大画面来为这篇视觉笔记构图。

5.6

课后答疑：本课和第2课都讲到了隐喻，它们之间的关系是什么

这一课讲到了隐喻型的构图模板，本书第2课也讲过隐喻，它们之间

的关系是什么？怎样的隐喻构图才算是直达人心的？

也许在一些人的眼里，视觉笔记好看、精致、美观是最重要的，但其实画再精美的图也比不上使用一个简单却直达人心的隐喻，因为视觉笔记的核心目的在于传达信息。

隐喻可以实现不同个体之间的联结。如果我们在做视觉笔记时，能够用一个大家耳熟能详的事物去类比一个专业、抽象、难懂的知识，就像使用杠杆轻松撬动了重物，这份笔记的价值也就大大提升了。

不过做笔记时使用隐喻并不是那么容易，因为你必须做到完全理解所接收到的信息，才能把知识和自己的以往经验建立关联，再呈现出来，这需要不断练习和积累。在视觉笔记呈现中，隐喻包括对个别信息的隐喻呈现和对整体内容系统的隐喻呈现。

一、对个别信息的隐喻呈现

对个别信息的隐喻呈现就是本书 2.3 节所讲述的内容，用一个隐喻图形来说明信息内容中的一个知识点。

比如讲到情绪和理智的关系这个抽象概念时，我们借用《象与骑象人》中的隐喻来表现，达到让人一看到这个图像就能理解概念的目的。

二、对整体内容系统的隐喻呈现

对整体内容系统的隐喻呈现是本章 5.2 节讲述的内容，用一个隐喻作为笔记的视觉框架来构图，所有的信息就像被一条"故事线"串联在一起形成一个大画面。

比如我们学过的海洋隐喻图的"故事线"就是海洋有时风平浪静，有时波涛汹涌，灯塔可以指引

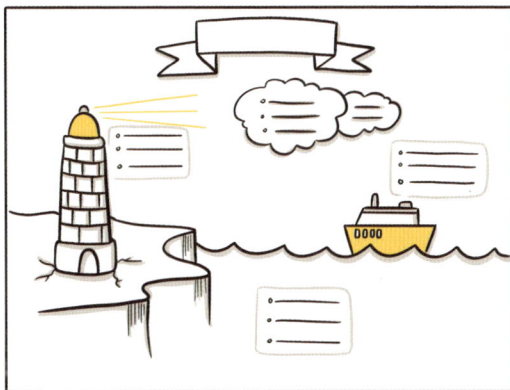

轮船朝着正确的方向前行。当我们把内容套用在海洋的这个"故事线"中，就完成了一次对整体内容系统的隐喻呈现。

在记录团队目标达成类的内容时，我们就可以把团队目标、团队现状、遭遇的阻碍等信息对号入座地填充在海洋隐喻图的框架里，这些零散的信息就被串在了一起，有了生命。

隐喻图中的视觉元素要根据大画面的主题来画，比如在海洋隐喻图中加上望远镜、鲨鱼等元素就相得益彰，但如果这时候画一棵大树在上面就显得不合时宜了。这跟服装搭配是一个道理，如果我们穿了职业装，那么鞋子和包包也要是一个系列风格的，不然就会看起来很突兀。

同时，添加哪些视觉元素必须要根据记录的文字内容决定，这样我们才能把对应的文字记录在相应的图形的内部或旁边。隐喻的选择基础是要与记录内容完美契合。

6 呈现

掌握呈现技巧，提升画面高级感

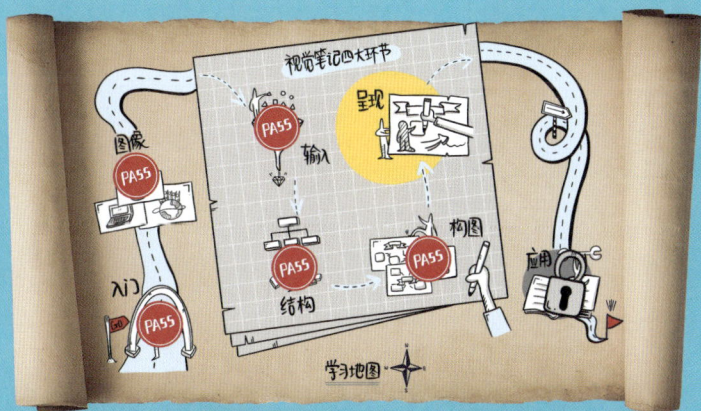

　　视觉笔记的呈现，其实就是用第 1 课学过的"视觉 7 步法"将标题、文字、图像、模块、引导线、色彩、署名的内容画在纸上。既然已经学过了呈现流程，为什么我们还要额外用一课的篇幅来着重讲解呢？

　　最初我们接触"视觉 7 步法"，属于知其然而不知其所以然的状态，大家只能照猫画虎地画些视觉元素，做出一篇视觉笔记。但是对具体要记录哪些文字、舍弃哪些文字，为什么选择这样构图而不是那样，画什么图形更合适等问题都一知半解。

　　通过对第 3 ～ 5 课的学习，我们才理解了视觉笔记不仅是画图，而且要结构清晰、重点突出地展示内容，我们画出的每一笔，都是有章可循的。

　　在本课中，我会给大家介绍更多视觉呈现的技巧，包括为笔记画出吸睛的标题、塑造层次感、做好留白、加入自己的特色形成独特的笔记风格等，让你晋升为视觉笔记高手，做出高级感十足的视觉笔记。

6.1

用图形组合法，画出绚丽而吸睛的标题

在浏览一篇视觉笔记的时候，我们的视觉焦点肯定是先放在笔记的大标题上，然后再去看下面的内容，因为标题承载了这篇笔记的核心内容和灵魂。如果标题画得出彩，就能够快速吸引别人的注意。这一节就来讲讲视觉笔记标题的几种样式，以及如何轻松画出好看又吸睛的标题。

一般来说，视觉笔记的标题有以下 5 种形式。

第一种，直接写文字。

这是很简单的标题写法，我们会把标题文字写得很大或者用一种特殊的字体呈现，以此来凸显标题的重要性。

第二种，文字 + 飘带。

画飘带是很简单的标题装饰方法，这样画标题简单直接、省时省力。可以看到我在多数视觉笔记中都是用这种方法来呈现标题的。

第三种，文字＋飘带＋头像。

你肯定也比较熟悉这种方式了，通常在记录课程或者演讲内容的时候，会用到这种组合方式画标题。我们会将标题文字写在飘带中，并在飘带周边画上演讲人的头像，最后还可以标注演讲人的姓名和听课日期等信息。

第四种，文字＋飘带＋图像。

用这个组合方式画标题，因为加入了图形元素，会给人一种眼前一亮的感觉。

第五种，文字＋图像。

第五种组合在第四种组合方式的基础上减少了飘带，但是因为含有丰富的图像元素，呈现出的标题效果也很吸睛。

在以上 5 种标题形式中，前 3 种我们在前文中已经介绍过，下面来重点讲讲后面两种加入了图像元素的标题画法。

观察这两种标题形式的案例，因为加入了图像元素，给人的感觉会更高级一些。在时间允许的情况下，标题可以画成这种精致的模样。但是有人可能会觉得这样的标题看上去有点复杂，不太好呈现。

其实非常简单，我们用图形组合法来画标题即可。也就是在文字的基础上，找一些跟主题相关的视觉元素，然后把这些元素组合在一起就是一个好看的标题。

举例来说，下方这个"集团精品店年度颁奖典礼策划案"的标题，实际上就是半个地球 + 楼房 + 云朵的造型组合在一起画出来的。

下方这个"画出你的心"的标题用到的元素会多一些，由飘带、画盘、毛笔、画笔和青岛的一个标志建筑"五月的风"组合而成，但分开来看也都是很基础的图形元素。

现在你应该发现了，看上去复杂的标题画面，实际就是用一些基础的图形元素与文字组合而成的，这就是画出好看又吸睛标题的诀窍。

一般来说，我们需要把标题中的文字先写出来，起到定位的作用，然后再在文字的基础上添加与主题相关的图像。画的时候要注意，让标题文字和图像有机地结合在一起，包裹在一起，成为一个整体。图像和图像之间可以画出案例中那种相互交叠、交错的感觉，这样看上去就不会太死板。

下面我们来实际操作一下，现在就以"职场达人加薪技巧"为标题文字，画一个图文结合的标题。你可以先不往下看我的答案，自己尝试在纸上画一画。

我的呈现想法是：首先把"职场达人加薪技巧"的标题文字写出来，然后联想一些与职场、加薪相关的图形，比如钱袋、银行卡、现金、职场人物等图形元素，画的时候将图形和文字相互交叠地组合在一起。下图很好地展示了这个用图形组合法画标题的过程。

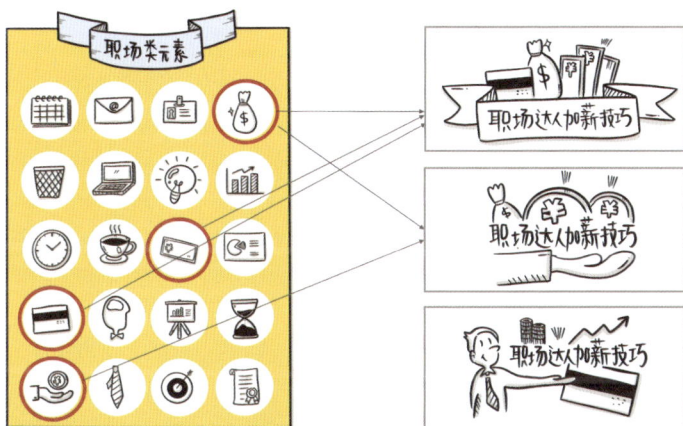

怎么样，这样一看画标题是不是非常简单呢？你可以时常找一些标题利用图形组合的方法进行练习，相信利用这种方法每个人都可以创作出绚丽而吸睛的标题。

6.2

塑造层次，让画面富有平衡的美感

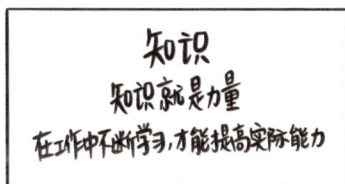

请看上面的两张图，哪张图给你的感觉更舒服一些呢？

我想大多数人应该会倾向于右图。左图中的文字大小差不多，没有颜色，看起来很单调。右图虽然跟左图有着相同的内容，但由于在字体、大小、颜色方面做出了变化，主次关系更加突出，画面被赋予了层次感。

有的朋友在做视觉笔记时，所有文字都写得一样大，图像也都画得差不多大小，出来的效果就会像左图一样是平面的。层次的塑造，让视觉笔记中的文字、图像表现出大小、远近、详略的差异，就能给人一种立体而平衡的感受。

在呈现信息时，我们可以从文字、图像、色彩 3 个方向塑造视觉笔记的层次。

6.2.1 从文字方面塑造层次

一、文字大小的变化

前面也提到过文字书写的原则，主标题要最大、二级标题次之、内容文字更次。

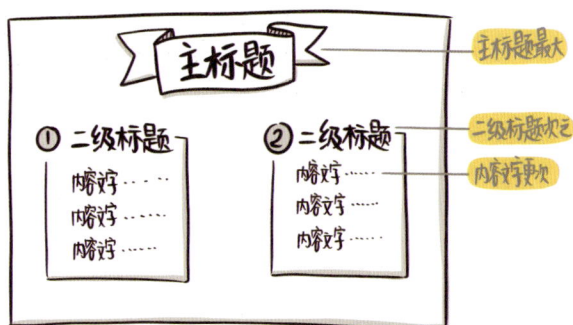

我们可以通过调节文字的大小和粗细来凸显这种主次关系，把重要的文字写大一些，或者用一根粗头笔来书写。这其实就是在塑造笔记内容的层次关系。

二、文字的虚实结合

我们还可以将空心字和实心字搭配使用，产生一种虚实结合的效果。比如下图中的"知识"两个字就是写成空心后涂上了橙色，与下面的实心字形成反差，看起来非常醒目。

在实际的操作中，我们可以用空心字来强调重点信息。这种虚实结合的手法给画面增加了趣味性和灵动性。

三、文字字体的变化

在视觉笔记中使用不同的字体也可以增加文字的层次感。下图中上中下3行文字就使用了3种不同的字体，使画面富有变化。

除了刚刚提到的空心字，其实还有很多好看的字体，比如活体字、软体字等。想要掌握不同的字体，没有捷径可走，需要花费大量时间进行临摹和练习。

就我的经验来说，做视觉笔记掌握2～3种字体就足够了，你可以搜索自己喜欢的字体做进一步学习。要强调一下的是，不建议初学者花太多的时间在字体上，可以先把精力用于积累视觉元素和培养视觉思维。初期我们通过调整文字的大小、粗细、颜色，用一种字体也可以很好地增加画面的层次感。

很多人都嫌自己写的字不好看，其实只要你静下心来一笔一画地写字，效果就不会差，让人看清楚你所要传达的内容是最重要的。

把字体的变化进行延展，我们可以将文字做视觉化的处理，根据词汇本身的含义来书写文字。比如把"热"字写成被太阳晒融化了的效果，把"紧张"写成颤抖的效果，把"胖"字写宽一点、"瘦"字写窄一点，这样文字本身就可以有温度地传达情绪和感受了。

6.2.2 从图像方面塑造层次感

跟文字同样的道理，在一篇视觉笔记中，如果把所有的图形都画得大小一样，也会让画面失去层次感。

现在让我们转换到阅读视角，面对一张视觉笔记，大家的阅读习惯肯定是先看大的物体，再把眼光转移到小的物体上。所以我们在呈现视觉笔记时，可以把与重点信息相关的图像画得大一些、精致一些，把与次要信息相关的图像画得小一些、简单一些。这样通过调整图像的大小和精致程度，在无形中就对信息进行了主次排序。

想要把图形画得精致而美观，可以使用粗细不同的两种线条画图。用粗线勾勒物体的外轮廓，用细线画物体的细节特征，粗细不同的两种线条搭配能让图形本身的呈现更有层次感，美观度也大大增加。

视觉笔记中的色彩使用，也可以起到增加层次的作用。色彩的技法我在本书 2.5 节做了详细介绍，在此基础上我只强调 3 点。

一、使用不同颜色突出重要文字

在视觉笔记中，我们大多都是用黑色的笔写字，这时候如果在满篇黑色的文字中，有几个其他颜色的字就会格外突出。所以重要的信息，可以用黑色以外的颜色的笔书写。

选色时注意，书写文字使用深色更为理想，比如深蓝色。如果文字是空心字，则可以用浅色进行填充。

使用不同颜色突出重要文字

使用不同颜色突出重要文字

二、重要的图像可细致上色

在当前视觉笔记的配色基础上，可以为说明主题的中心图像做细致上色，周边图像做简要上色。

比如这张"事后复盘，持续精进的法门"的视觉笔记，整体是橙色加蓝色的配色，只是中心图像多加了绿色、粉色的点缀，就使得主题部分非常鲜明，一下子可以吸引阅读者的目光。在实际操作时，因为标题部分是可以提前画好的，在时间允许的情况下我们可以多花些精力在标题的细节呈现和涂色上。

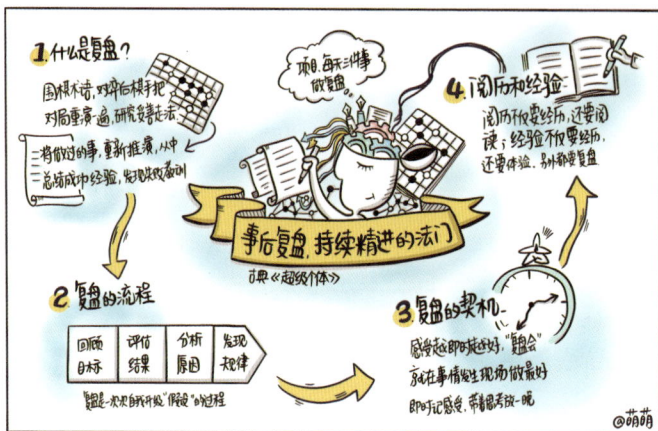

三、用浅色做文字或图像的背景色

可以使用浅色作为文字或图像的底色和背景色，起到强调重点、为内容分层的作用。在实际操作时，要把同一层级的内容的背景涂上相同的颜色。

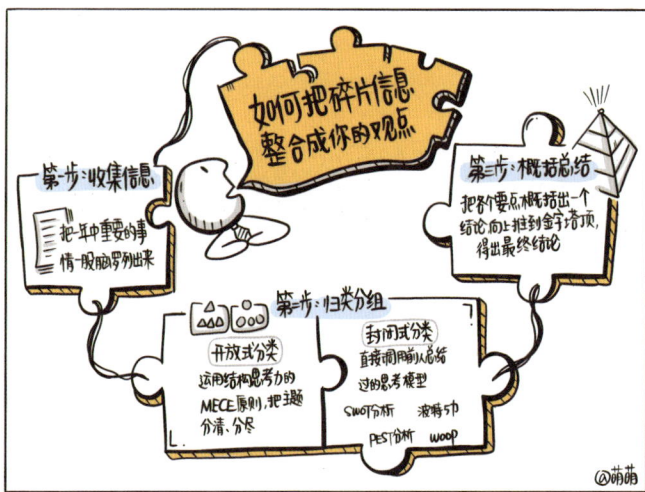

比如这张"如何把碎片信息整合成你的观点"的视觉笔记，标题部分的拼图大面积使用橙色涂色，突出了主题。另外又用蓝色为同一层级的几个二级标题涂上了背景色块，就将信息进行了分层处理。

塑造层次感是做出高级感十足的视觉笔记的关键点，如果你想让自己的视觉笔记更加出彩，进阶到一个新的高度，就要注意在这方面下功夫。

6.3

做好留白，让画面富有呼吸感

留白指的是，为使整个作品画面更为协调而有意留下相应的空白。听起来留白的概念很简单，但是做到却很难。因为很多人都觉得多总比少好，于是一定要把笔记上空白的地方填满文字和图像才算放心。

当我们看到画面过满的视觉笔记时，就像进入了一个挤满人和物品的菜市场，想找到自己想要的东西非常困难。但是相反的，如果我们去到一个空间大、人又少的市场，无须花费很大力气就可以找到想要的物品。视觉笔记中做好留白可以很自然地引导读者把目光放到重要的内容上。

不仅如此，留白还能让笔记富有特殊的美感，给人想象的空间。艺术大师往往都是留白的大师，方寸之地亦显天地之宽。比如南宋马远的《寒江独钓图》，一幅画中，一只小舟，一个渔翁在垂钓，整幅画中没有刻意刻画水，却让人感到烟波浩渺、满幅皆水，给人以无限的想象空间，这就是以无胜有的留白艺术。

适当留白可以使画面构图协调且富有想象力，在视觉笔记中做好留白有以下 4 个好处。

（1）突出笔记的重点信息，减少构图太满给人的压抑感，提高阅读好感度。

（2）让画面富有呼吸感。

（3）使信息之间的关系更加清晰。

（4）提升画面的高级感。

下图是我在 2017 年制作的一张青岛趁早"画出你的心"活动的策划案，这张作品其实是一个留白的反面案例，可以看到整张笔记上几乎没有空白的地方，给人一种很拥挤、找不到重点的感觉，降低了阅读好感度。

记得当时，我把重点信息写完后，版面上本来还有不少空白的地方。但我秉承着"不涂满誓不罢休"的错误理念，在空白处填充了浪花、海波纹、人物造型等元素。在结构方面，也舍弃了简约的图形框而用一片片花瓣代替，这些动作加起来让整个画面看起来有些杂乱。

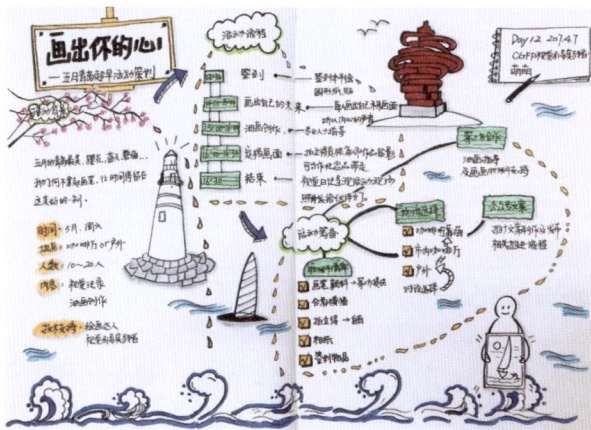

修改前

后来我对这张作品进行了二次重塑，把文字和图像同时做精简，为画面做了适当留白，并使用与"画出你的心"主题匹配的画框造型作为图形框，提升了信息块间的区分感。你可以对比前后两张作品，后者看上去重点突出，画面也更高级。

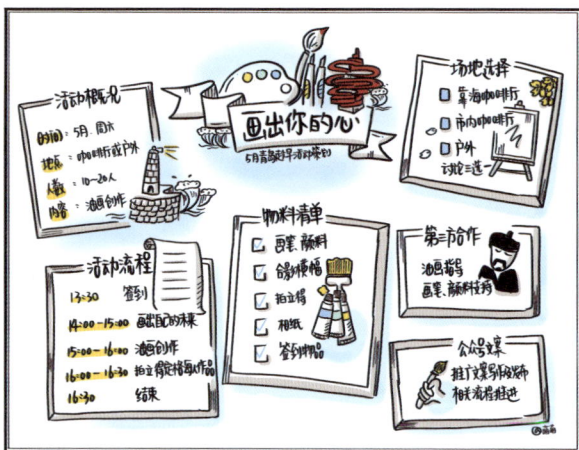

修改后

总结修改前和修改后两张图的特点，可以得出做好留白需要遵守的 4 条原则。

一、笔记不要画得太满，边框部分要有留白

在修改前的视觉笔记中，图像几乎都顶到了边框的边缘。而在修改后的视觉笔记中，纸面四周都做了适当留白，呼吸感大大增加了。

二、模块之间要有留白

在修改前的视觉笔记中，区块划分不是很明显，文字和图像全部挤在了一起。修改后的视觉笔记运用模块型的视觉框架，模块间有足够多留白，并用画框形状的图形框把每个模块框起来，使整个视觉笔记结构清晰。

三、注意文字的行间距、字间距

记录每个模块中的内容时，行与行之间的文字不要堆在一起写，而要留有一些距离。在修改后的视觉笔记中的物料清单的模块，画笔、颜料、合影横幅、拍立得等文字的行与行之间都有适当留白，这样能使文字更清晰、易读。

注意文字的行间距、字间距，其实是我们平时用 PPT、Word 时也会遵循的排版原则。

四、去掉多余的文字和图像

修改后的视觉笔记，省略了多余的文字，把一些图像用作标题图，把另外一些零散的图像缩小放在了相应的模块内部，版面变得干净、整洁。

最初我们总喜欢往画面中添加过多复杂的东西，生怕漏掉什么。做视觉笔记的核心理念是以内容为主，时间长了你就会发现，越是简约越是令人赏心悦目，正所谓大道至简。在画面上进行留白，表面上是忽略了一些空间的运用，但实际上却起到突出主题的作用，并且赋予了内容"呼吸"的空间。

6.4

流露个人痕迹，打造个性化风格

我做过很多记录小常识的视觉笔记，有一些没有署名就发到了网上。隔一段时间会收到朋友从微信发来的截图，并问我："这张图是不是你画的啊？明显是你的风格。"

我一看还真是自己原来的作品，心生欢喜。因为现在做视觉笔记的人很多，朋友能够在众多的作品中辨识出我的作品，证明这些笔记已经形成了独特的风格。

这件事给我的启发是，原来每个人的视觉笔记跟画图的人一样，都有自己的个性。建立属于自己的画面风格，就能让作品变得独一无二，具有可辨识性。

建立个人风格还有一个好处，我们其实是建立了一套自己的笔记系统。在紧急情况下，画什么样的小人、用哪种颜色搭配都形成了习惯，这就能大大提高做视觉笔记的效率。

风格的形成跟视觉笔记实践者的生活经历、思想观念、情感倾向、审美理想、个性特征等因素有关，每个人都会在作品中不自觉地形成区别于他人的个性特征。如果你想快速构建自己的独特风格，可以从以下 6 个方向进行打造。

一、人物画风

观察了很多视觉笔记达人的作品，我认为人物画风给人留下的印象最为深刻。我把不同的人物风格分为写实风、商务风、卡通风和抽象风。

写实风的人物造型比较逼真，视觉笔记中有人会用写实风来画头像，不过画这样的人物需要一定的基础画功，画的时候也比较消耗时间；商务风的人物造型呈现出职场人的形象，人物比例是常规的；卡通风的人物简单、好上手，一般会把头画得较大、身体较小，偏可爱的感觉；抽象风的特点是不画人物表情，直接用造型来代表人物。

因为我记录职场人的工作、学习的笔记较多，所以我偏向于画商务风小人，画起来不复杂却又带着商务感。大家在初期学习的"星星人"的画法，是基础的人物表现形式。当你建立了视觉思维以后，可以根据喜好探索属于自己的人物风格。

当然了，同一笔记中也可以出现不同风格的人物，比如在标题中记录讲者时用写实风，在记录内容时用商务风，在记录次要信息时用卡通风或抽象风。这些在实际操作时都可以随机调整，关键是你能寻找到自己喜欢的人物风格并灵活地运用。

二、字体的使用

每个人的字迹都有自己的特征。上学时老师能不看作业的名字，单从字迹辨认出每本作业是出自谁手。一个人现有的字迹特点是从小到大逐渐形成的。

在视觉笔记中，只要慢下来一笔一画把字写工整就好。如果想让自己的笔记更有辨识度，可以选择2 ~ 3种独特的字体进行临摹练习，形成个性化的风格。

三、基本元素、图标

经常做视觉笔记的人都会有专属的视觉元素收集本，它就像一本视觉字典，我们在记录时遇到一个词语，就能用字典中相应的图形去呈现。

视觉元素其实也可以分成素描风、卡通风、简约风等不同的风格。在做视觉笔记时，如果你能长期使用风格统一的图形元素创作，就能逐渐形成独特风格。

四、颜色的搭配

前面已经讲过颜色搭配的原则，鼓励大家在初期多去尝试不同颜色的组合，在实践中摸索出几套固定的搭配方案。

可以发现我常用的就是橙色与蓝色的搭配。当笔记内容对颜色没有特殊要求时，我就直接使用橙色作为主色调、蓝色作为辅助色的搭配方案。这样在做视觉笔记时不用多做思考，直接涂色即可，无形中既让笔记有辨识度，还提高了做笔记的效率。

五、布局方式

在视觉笔记中我们经常要为内容分模块，你会发现分模块也有不同的方式。有人喜欢直接用明显的图形框、云朵框进行模块区分，就像下页图中的操作方式。

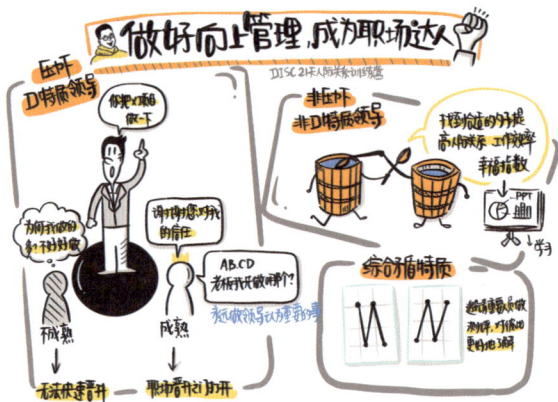

信息区分也不一定非要用图形框，有人则更喜欢用浅色背景色块等方式温柔地进行信息区分，如下图所示。不同的模块划分方式也是个人风格的一种表现。

六、自己的头像和签名

大多数时候，我们会给视觉笔记署名，所以可以为自己设计一款专属头像和签名用于署名。固定的头像和签名像商品标志一样出现在你的每幅作品中，随着越来越多作品的展示，你的笔记自然会拥有高辨识度。

视觉笔记的风格是每位创作者个性的自然流露和表现，每个人的风格不是一成不变的，会随着社会、年龄、阅历的变化而变化。画面风格的不断更新迭代也是我们个人成长的一种见证。

6.5

案例实操，全过程演练视觉笔记的四大环节

学到这里，你应该更深刻地领悟到视觉笔记的真谛，不是为了画好看的图去炫耀画功，而是要在理解信息的基础上，画出结构化、形象化的内容，达到帮助自己和他人理解和记忆的目的。所以说，视觉笔记的实用性远远大于观赏性。

但"外行人"往往都在看热闹，在现实生活中，视觉笔记像一个漂亮又有演技的演员，观众往往因为其漂亮的外表而忽略了其专业的演技。就像这张冰山图所示，大家会被视觉笔记的外在形式吸引，忽视更深层的内容信息。

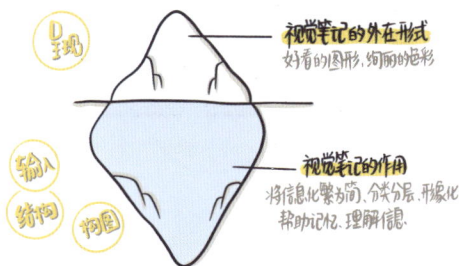

但是作为视觉笔记达人的我们，要始终秉承一个理念：不只关注呈现的表面环节，更要关注呈现背后输入、结构、构图的一系列思考。

整体回顾一下，视觉笔记总共要经历四大环节：输入信息—结构思考—构图规划—视觉呈现。我们下面就把这些环节串联，说说每个环节在创作中的意义和价值，帮你系统地梳理一篇视觉笔记从无到有的全过程。

第一个环节：输入信息。

做视觉笔记的第一个环节是输入信息，我们要做好对信息的筛选和过滤。

正如第 3 课的内容所讲，做即时视觉笔记通过聆听输入信息，做非即时视觉笔记大多通过阅读输入信息。我们不需要记录所有内容，而是要在聆听和阅读时做好过滤、提炼，保留重要的内容，舍弃不重要的杂质。

第二个环节：结构思考。

做视觉笔记的第二个环节是结构思考，也就是对输入大脑的信息进行分类分层、结构整理。

正如第 4 课的内容所讲，信息输入大脑后，如果只是把它们罗列在笔记中，就还是杂乱无章的状态。我们需要在大脑中迅速画出一张信息结构图，识别文章是按照时间脉络、并列脉络还是递进脉络排列的。

这个结构图能够指引我们在下一步找到与信息匹配的构图，还会对视觉笔记的文字层级、区块划分产生影响。

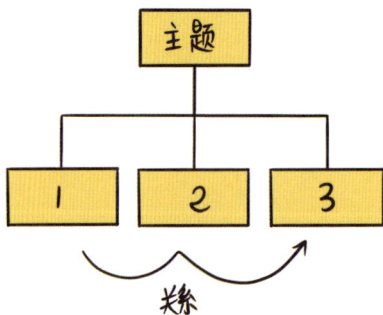

第三个环节：构图规划。

做视觉笔记的第三个环节是为笔记规划合适的版式构图。

第 5 课为大家提供了 4 种常用的基础视觉构图模板，分别是线型、路径型、放射型、模块型，还介绍了更加高级的隐喻型模板，也告诉大家不同的行文脉络对应选择哪种视觉模型构图更为合适。

第四个环节：视觉呈现。

做视觉笔记的第四个环节，才是将前面的思考用"视觉 7 步法"一步一步地把笔记的标题、文字、图像、模块、引导线、色彩、署名呈现出来。在呈现的过程中我们要塑造层次感，做好留白，这样才能让视觉笔记的画面更加高级。

正因为经历了这四大环节，每次做视觉笔记时我们都在做一次深度的思维训练，实现了心、脑、手的合一，完成了一次对知识的消化吸收。

需要说明的是，做视觉笔记是一个系统工程，在实际操作中，这四大环节也许并不是很严格地按照上面描述的顺序一步一步地进行的，而是交错着进行的。当我们熟练掌握这项技能以后，所有的环节会融合在一起。

下面是一段关于"理查德·费曼学习法"的简短的文字内容，我们就以它为案例，打通从输入到呈现的四大环节，完成一篇视觉笔记，让你晋升为"内外兼修"的视觉笔记达人。

理查德·费曼学习法

理查德·费曼学习法是一种被世界公认学习效率很高的学习法，包括以下 4 个步骤。

一、确定学习目标

选择一个你要学习的内容或想要理解的知识。

二、像老师一样教给别人

想象如果你要将这些内容教给别人，该如何讲解。

三、找到漏洞，重新学习

如果讲解过程中出了问题，重新回顾一下这个内容。

四、简化语言

让你的讲解越来越简单易懂，能够类比生活中的案例，让新手能轻松理解。

环节一：输入信息。

通过阅读文案的内容，进行信息筛选、过滤，保留重要的信息。

为了不占用太多篇幅，这个案例其实已经是做过精简的文字内容了，在实际操作时我们要做好信息过滤，去除掉不必要的"信息枝蔓"。

环节二：结构思考。

我们可以很轻松地在大脑中构建出这样的一张结构图，最上方是主题"理查德·费曼学习法"；第二层是学习法的 4 个步骤，4 个步骤的后一步执行是建立在前一步的基础上的，所以信息按照时间脉络排列；结构图的第三层是对学习法每一个步骤的进一步阐述。

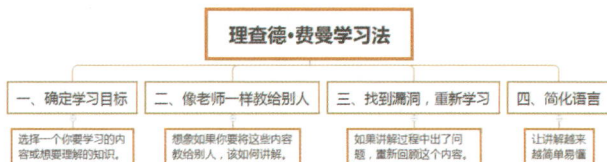

环节三：构图规划。

既然信息按照时间脉络排列，我们则可以对应选择路径型的视觉模板来构图。将每个步骤的内容分别用图形框区分开，最后用引导线串联起来。

环节四：视觉呈现。

根据上述一系列的思考结论，用"视觉7步法"呈现内容，呈现时注意塑造画面的层次感，做好留白。

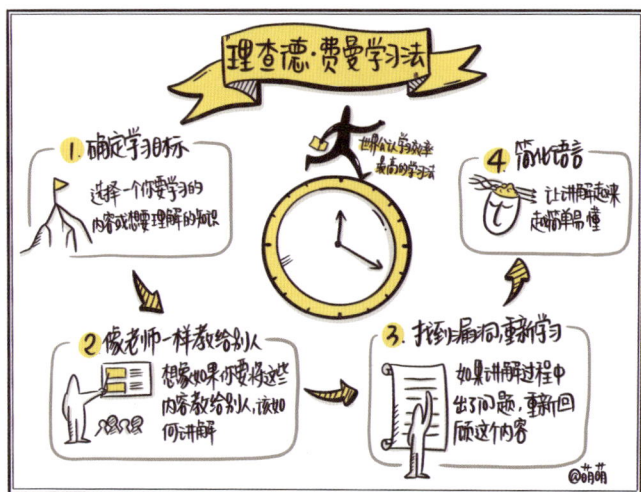

第一步，写标题。

我将标题"理查德·费曼学习法"用飘带框起来放在整张版面的最上方，主题文字是最大的。在纸的中间画了一个手里拿着书的小人在表盘上向前奔跑的造型作为中心图形，凸显理查德·费曼学习法是被誉为"公认的学习效率很高的学习法"。

第二步，记文字。

将结构图第二层的4个步骤"确定学习目标""像老师一样教给别人""找到漏洞，重新学习""简化语言"记录为笔记的二级标题，其文字比标题文字写得小一些。每个板块的内容文字相对写得更小一些。

文字的大小变化充分体现了结构图的上下层关系，为笔记塑造了一种层次感。

第三步，画图像。

在写文字的同时画出跟文字匹配的图形元素。比如第一步"确定学习目标"，我联想到爬山的目标通常都是登顶，于是就画了一座山，并在山顶上画一个旗子来代表目标。

其他的几个部分也是联想跟内容匹配的图形画面进行呈现，各个板块之间要留有足够的空间。

第四步，分模块。

将每一个步骤的文字和图像用图形框框起来，4个步骤分别形成4个模块，让笔记的结构更加清晰。

第五步，引导线。

用箭头将几个步骤串联起来，按照时间脉络从第一个步骤指向第四个步骤。

第六步，添色彩。

因为内容本身并不复杂且层级清晰，所以我选择单色系涂色。用橙色为标题、序号、引导线以及配图中的小元素上色，起到强调重点和突出结构逻辑的作用。

第七步，署名字。

在笔记的右下角用小字写上自己的名字。

至此，一篇"理查德·费曼学习法"的视觉笔记就新鲜出炉了，我们共同完成了一次视觉笔记完整的四大环节的梳理。

通过这个案例你可以更清晰地看到，做视觉笔记并不是只有最终呈现的7个步骤，在这之前还需要经过对内容的输入和整理、判断内容的结构、规划构图，最终才是我们下笔的动作。呈现的每一笔并不是随随便便画出来的，而都是有章可循的。

6.6

随堂练： 整合四大环节，呈现高级感十足的视觉笔记

一、练习要求——注意塑造层次感、留白和自我风格，呈现一篇高级感十足的视觉笔记

在前面几章的随堂练中，我们为文章《找对大目标，你的时间才能被高效利用》进行了信息的筛选过滤、画出了结构图、选择了构图的视觉模板。

请在此基础上，遵循"视觉7步法"呈现这篇文章的视觉笔记，并注

意在笔记中塑造层次感、留白和自我风格。

二、练习拆解——视觉笔记的呈现分析

在第5课的随堂练中，我们选择用路径型的视觉模板为这篇视觉笔记构图，也就是要依次画出4个模块的内容，最后用一条线将所有模块串联起来。大脑中会出现类似的一张模拟图。

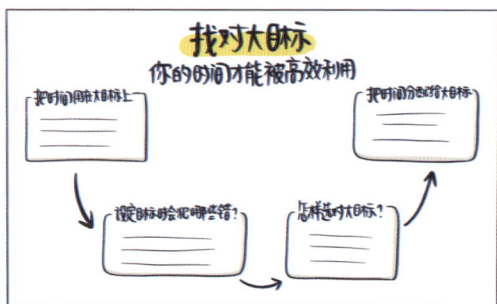

接下来我们就可以用学到的视觉呈现技巧，做出高级感十足的视觉笔记。

（1）标题的塑造。

首先我把标题进行了美化，选择"文字＋图像"的组合来画标题。根据关键词"目标"可以联想到射箭射中靶心的图像，于是画了一个人物抱着箭靶子的造型，与标题文字结合到一起。

（2）层次的构建。

接着将每一个模块用图文结合的形式呈现出来，呈现的时候要注意层

次感的构建。

在文字方面，主标题"找对大目标，你的时间才能被高效利用"的文字最大，4个二级标题"把时间用在大目标上""设定目标时会犯哪些错""怎样选对大目标""把时间分配给大目标"的文字稍微小一些，每个模块的内容文字要更小一些。可以注意到，我还特意将主标题中的"大目标"3个字写成了空心字，与其他文字产生了虚实结合的对比效果。

在图像方面，中心图像与标题文字的结合占据的版面较大，人物也画得比较精致。信息块部分的图像就用相对简单的图形来呈现。

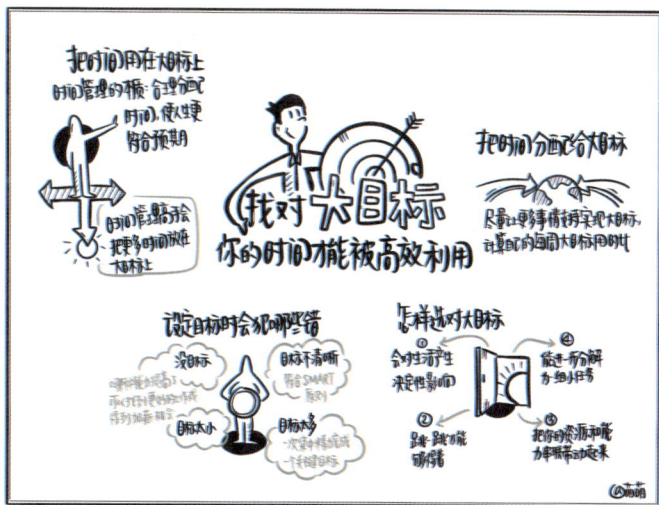

（3）画面的留白。

在呈现的过程中不要忘记留白，主标题与模块之间、模块与模块之间、边框四周都要留有一定间隔，让笔记有呼吸感。

（4）巧用隐喻。

在添加引导线的时候，我发现如果只用一条实线或者箭头串联4个模块无法表达更多含义。根据"找对大目标"的主题，我想到把引导线画成道路的形态，道路的终点是有大目标寓意的太阳。这样串联后的笔记就塑造了一个隐喻画面：只要做好4个模块中的内容，终将会找对你的大目标。

画面中还有一个小设计，第一个模块"把时间用在大目标上"中的小人，手指正好指着道路尽头太阳的方向，这就让整个画面产生了首尾呼应的效果。

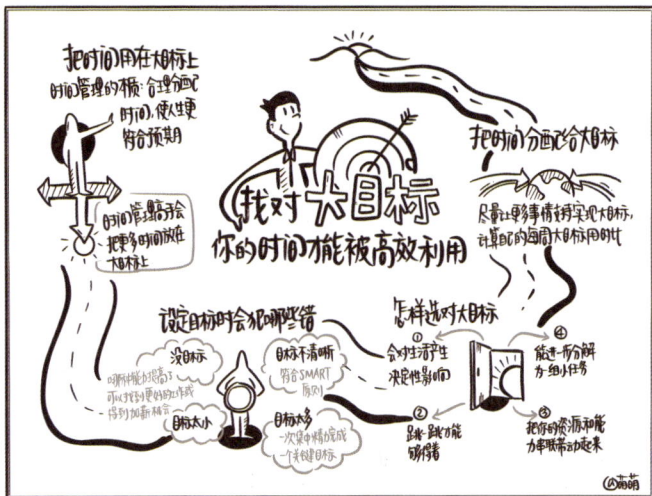

（5）色彩的运用。

最后为视觉笔记涂上颜色。用橙色填充标题中的空心字"大目标"，使重点信息更加醒目。对于笔记中 4 个分支模块，用浅橙色的圆形背景色块充当其图形框，达到区分信息的效果。最后用橙色的互补色蓝色为串联 4 个模块的"道路"上色，使阅读顺序清晰可见，也符合我的个人风格。这样一张视觉笔记就完成了。

以上只是我个人呈现这篇视觉笔记时的一些思考，大家的想法肯定是多种多样的，相信你可以做出更加传神的笔记。

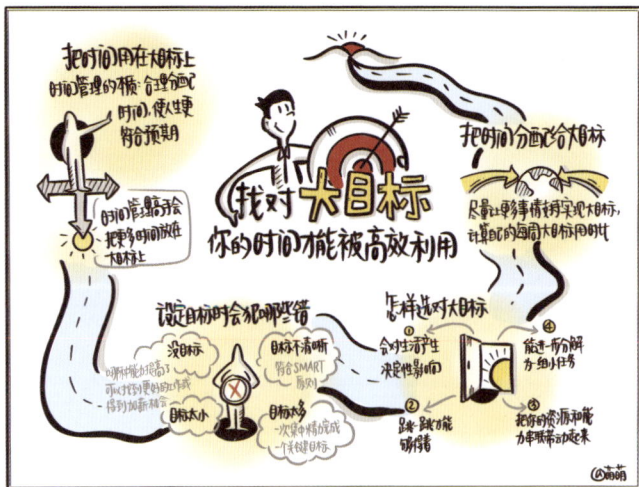

三、课后复盘——为了构建视觉笔记的层次感，你都主动做了哪些设计

经过上面的练习，你应该已经对视觉笔记的呈现有了更深刻的认知。想一想在这次练习中，为了让笔记结构清晰、有层次感，你都有意识地做了哪些设计。把答案列出来，并将好的经验应用到以后的实践中。

6.7

课后答疑：在视觉笔记中，是不是要尽量多画图？文字和图像的比例为多少才合适

很多伙伴都觉得，既然是视觉笔记，肯定是图越多越好，文字似乎没那么重要。

其实不然，我们做视觉笔记的目的在于记忆、传递信息内容，视觉笔记是以内容为主。所以在视觉笔记中文字和图像同样重要。一般情况下，一篇视觉笔记中的文字甚至是多于图像的。

因为图像是发散的，能激发人们的无限想象力，而文字是收敛的，可以精准地传达信息。在视觉笔记中，如果只画图会让人搞不清楚含义，必须配合适当的文字说明，才能让他人准确理解我们想传达的内容。

而且在本书第1课就跟大家讲到过，视觉笔记初学者在还不能熟练画出各种图像时，就少画图多写文字，使用五大基础图形配合文字去表达信息就可以了。关键在于，利用图形框、引导线将文字信息进行分类分层，将知识的结构呈现出来。以内容为主永远是做视觉笔记时要遵循的基础理念。

7 应用

活学活用，开启多元人生

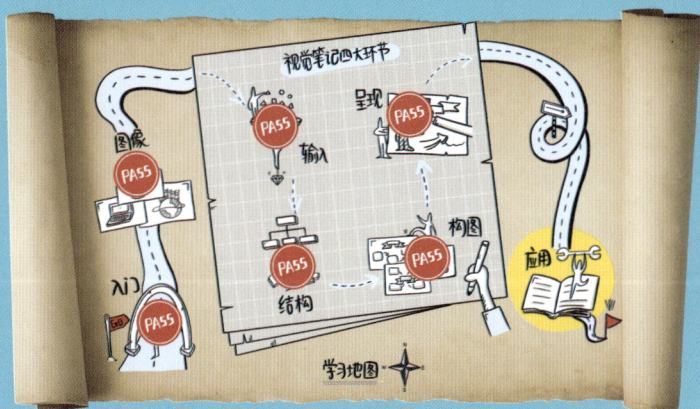

现在的你已经掌握了视觉笔记的全部基础知识，也做了很多的练习，就可以把这项技能应用到工作、学习、生活中的方方面面，帮助自己去解决实际问题了。你会发现，视觉笔记就像一瓶神奇的药水，与任何事物融合在一起都会发生意想不到的化学反应。

本课会带领大家在不同的场景下做实战应用，我们将点石成金，把平凡的自我介绍、策划案、会议纪要、旅行日志等内容视觉化，升级为好看又实用的视觉输出物。

7.1

可视化的自我介绍，让陌生人 3 秒记住你

"先做个自我介绍吧！"相信大家对这句话再熟悉不过了，无论是新工作到岗、和陌生人见面、线下活动的暖场，还是线上社群中的互动，都免不了要介绍自己。

在如今这样一个竞争激烈的社会中，每个人都是一个品牌，我们需要不断向外界展示自己，寻求更多的合作机会。自我介绍直接关系到你给别人留下的第一印象，它是我们与陌生人建立关系、打开局面的重要渠道。

优秀的职场人不打无准备之仗。既然自我介绍如此重要，又有着高频的应用场景，每个人都应该花时间制作一份优质的自我介绍。自我介绍的核心要点是，避免千篇一律，定位清晰、与众不同，让别人看一眼就印象深刻。这时候，将自我介绍可视化就是一个很好的选择。

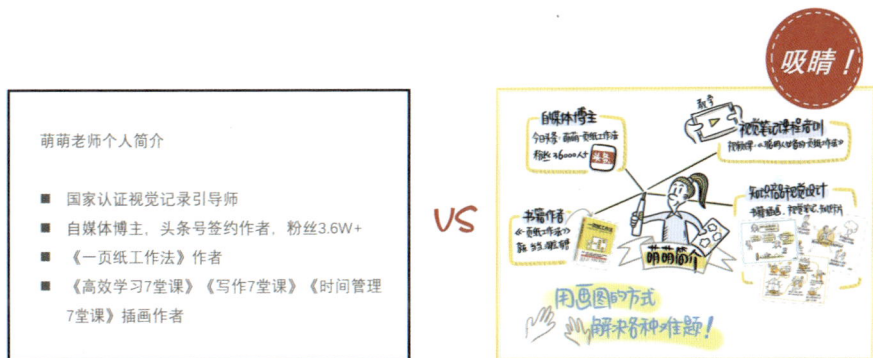

我们把纯文字的自我介绍和可视化的自我介绍做一个对比，可以很明显地看出，纯文字的自我介绍非常枯燥，尤其是当信息很多的时候，乌压压的一大片，人们根本读不下去。但可视化的自我介绍却非常吸睛，图片的中间是具有个人特征的手绘头像，当你看到头像的时候是不是觉得这个人在你脑海中更加具象了，这就比冷冰冰的文字要鲜活很多。

你可以想象一个场景，我们进入线上训练营，进群后第一件事就是发自我介绍，展示自己的职业、标签、价值等。在其他人用长长的文字介绍

自己的时候，你却展示出这样一张引人注目的视觉化自我介绍，是不是一下就能成为众人的焦点，让人想了解你呢？

所以我经常会说："视觉自我介绍，是自我介绍中的'小公主'，你值得拥有！"下面我们就来学习如何制作这样一张好看又实用的自我介绍。

7.1.1　视觉自我介绍的内容

一篇优质的自我介绍，一定要秉承"以内容为主"的理念，展示出自己的优势和价值。通常我们会在自我介绍中呈现以下信息。

（1）自画像：也就是你的个人形象，让别人对你的外在形象有一个整体认知。

（2）职业：你的主营业务，让人知道有哪些可以跟你合作的机会。

（3）标签：你的个人关键词是什么，通常是你的优势。比如某平台签约作者、心理咨询师、赋能师等。

（4）坐标：你所在的城市。

（5）联系方式：手机、微信、邮箱，或是个人微信二维码，能够让别人联系到你。

（6）兴趣：你的兴趣爱好是什么。

（7）梦想：你的愿景目标，清晰的愿景目标能够展示出一个人的价值观。

你可以根据需求，在这7条内容中进行选择，也可以增加自己想要对外展示的其他信息。原则是要突出优势，展示出你想让别人记住的核心内容。

如果需要，我们可以做两个版本的自我介绍，使用在不同的场景。一个版本用于交友展示，把信息写得比较全面，职业、标签、兴趣、梦想都包括在里面。另外一个版本用于工作场景，要更加专业化，集中展示自己的职业、技能和可以合作的项目，专门发给那些有合作意向的人。

7.1.2　视觉自我介绍中头像的画法

在视觉自我介绍中，最显眼的就是正中间的自画像了，它是我们个人形象的代表。所以自我介绍中的头像不能简单地用"星星人"来表现，而要画得更细致一些。但是很多人一画头像就发怵，我经常听到有人抱怨："我最怕画头像了，画头像真的太难了。"

其实完全不用担心，想要画好头像很简单，只要抓住人物特征就可以了，我以秋叶老师的头像为例进行讲解。

秋叶老师都有哪些特征呢？我总结的特点是眼镜、短发、微笑，还有他在讲课、直播时经常穿正装，我们把这些特点画出来就好了。

抓住人物特征

发型

表情

穿着
职业特征

秋叶大叔画像

一般来说，人物的特征要抓住发型、表情还有穿着 3 个部分，比如案例中的头像其实并不复杂，眼睛画两个小点就完成了，但是你会觉得与秋叶老师神似，关键就在于抓住了发型、表情、穿着的特点。如果你想特别突出自己的职业，就要把头像画得符合职业特征。假如你是一名护士，就可以画穿着护士服，手里拿着针筒的形象。假如你是一名企业培训师，那就可以画穿着一身正装，手持话筒的形象。各行各业都有自己的职业特点，先仔细想一想，然后再用图像表现出来。

如果你觉得凭空画头像很难，我在这里提供一些常用的表情、发型、衣着的视觉元素。画头像时，你可以像玩游戏时创建角色一样，选择合适的表情、发型和衣着进行搭配。

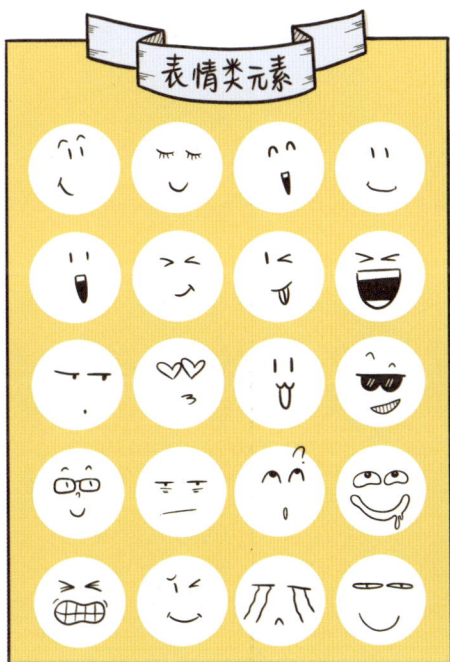

表情类元素

发型类元素

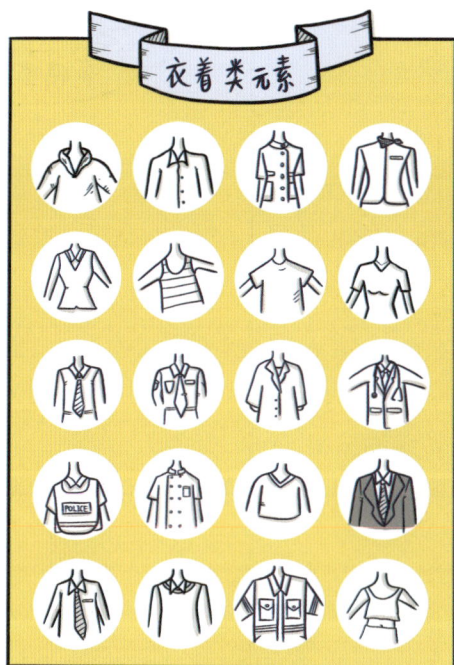

衣着类元素

下图是我的一个个人头像，就是根据特征从这些视觉元素中选择进而搭配出来的。我用到了微笑表情＋马尾发型＋翻领上衣。你也可以使用这些视觉素材拼出自己的头像，当然也欢迎你自由创作。

7.1.3 视觉自我介绍的模板

常用的自我介绍采用放射型的模板，在中间画出自己的头像，在四周辐射出几个信息块来展示各方面的信息，这样的自我介绍看上去结构非常清晰。

在实际操作时，具体的模块数量由你想要表达的信息数量决定。

如果你想表达 3 部分内容，那就像图 a 一样向外辐射出 3 个模块来填充内容。如果你想表达 4 部分内容，那就可以像图 b 和图 c 一样向外辐射出 4 个模块来填充内容。如果你想表达 5 部分内容，那就像图 d 一样画出 5 个信息块。发现没有，虽然是同样的模板，但我们通过改变内容和图形框的造型，就能呈现出不同的视觉效果。

7.1.4 视觉自我介绍的呈现技巧

视觉自我介绍属于视觉笔记的实践应用，所以它的呈现过程依然符合"视觉 7 步法"。下面以这幅"秋叶简介"为例进行讲解，顺便一起温习一下"视觉 7 步法"的流程。

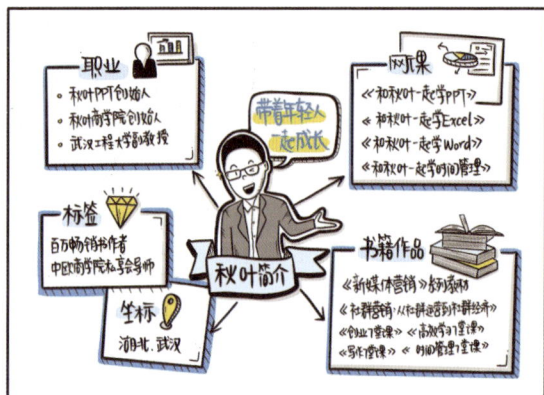

在内容方面，我主要想呈现秋叶老师 5 方面的内容，也就是职业、标签、坐标、网课和书籍作品。你在画自己的自我介绍前，也要将每一部分的文字内容提前想好。

第一步，写标题。

自我介绍的标题由个人头像和主题文字两部分组成，先在纸的正中间画出个人头像来定位，个人头像可以画大一些，让它成为整张图的亮点。至于主标题的文字，可以是你的名字，或者"×××的自我介绍""×××简介"等字样。

在案例中，我在人物头像旁边还画了一个对话框，写上"带着年轻人一起成长"的文字，呈现出秋叶老师说出自己愿景、格言的效果。

第二步，记文字。

写文字时，主标题最大，二级标题次之，内容文字更次，我们可以通过改变文字的大小、粗细、颜色、字体等方式来塑造文字的层次感。在这张图中，主标题是"秋叶简介"，二级标题是"职业""标签""坐标"等模块的主题，内容文字是每个模块下的延伸信息。自我介绍的内容不要写成大段大段的文字，要短小精悍、容易记忆。

第三步，画图像。

每个模块都有文字和图像信息，增加了视觉冲击力。比如在"职业"模块中，由于秋叶老师是秋叶PPT创始人，我就画了一个人物与PPT结合的图标来表现这个职业特征。在"坐标"模块，画了一个地图上的定位符号。在"书籍作品"模块则画了多本书摞在一起的造型。

总之就是要根据模块中的内容去添加相应的图像。下图是我总结的自我介绍中的常用视觉元素，你可以直接从这里选择图形用到自己的作品中，也可以自由创造。

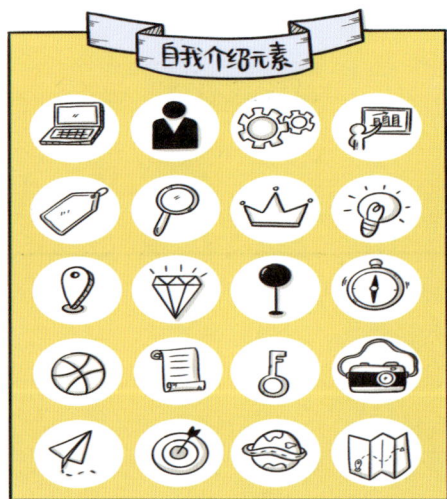

第四步，分模块。

文字和图像写好后，使用图形框把每个模块的文字和图像框起来，与其他模块信息进行区分，形成一个结构清晰的构图。

因为这是一个比较商务的个人介绍，所以我选择了方方正正的图形框。在实际的操作中，你可以根据自己的喜好选择云朵框、对话框，或是采用给文字添加背景色块的方法来制造信息之间的区分。

第五步，引导线。

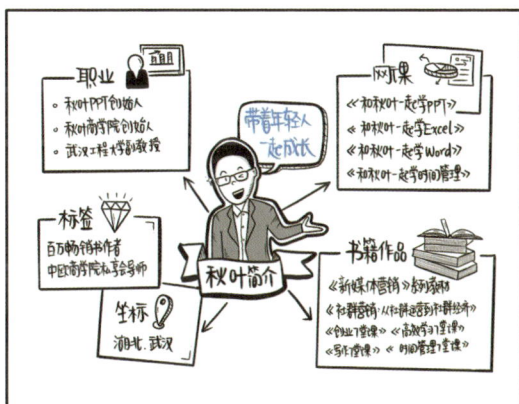

由中心个人头像向四周的信息块画出放射状的引导线，引导线可以是箭头也可以是其他形式。

第六步，添色彩。

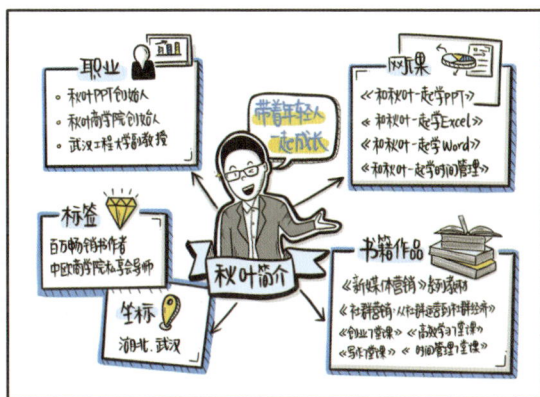

为自我介绍上颜色强调重点。因为自我介绍大多会用于对外展示自己，越专业越好，颜色的使用不建议太多，不要超过 3 种。

第七步，署名字。

根据需要在空白处添加个人微信二维码或公众号二维码，方便他人与你建立连接。

画完以后，你可以把这张自我介绍扫描成图，存在手机、计算机里随时使用。扫描的工具推荐"扫描全能王"这个软件。如果你是在 iPad 上画的，直接存图就可以了。

7.1.5　视觉自我介绍的多元应用

视觉自我介绍都能用在哪里呢？也许你想不到，它能用到很多场景中，帮助我们扩大自己的影响力。

一、把它当作一张电子名片使用

我们制作好的这张自我介绍，就相当于一张电子名片。你和陌生人第一次见面聊天的时候，就可以把这张电子名片发给对方。

告诉你一个小窍门，在我们的微信通讯录里可以给每个人设置备注和标签，备注是可以添加图片的，如果大家互相添加视觉自我介绍的图片，即使过了很长时间以后再联系，只要一看备注，对方的资料就一目了然。

视觉自我介绍还有一个使用场景。我们经常会用微信去主动加一些牛人、大咖或是自己非常仰慕的人，有的时候发了一大堆文字介绍，对方可能看不进去。用这张电子名片展示你的职业、优势，就有可能让大咖在众多加他的人中多看你一眼，后面就有可能有意想不到的合作机会。

二、用于朋友圈的封面

我们现在跟很多人都是在线上认识的，如果你新加了一个人或者对一个人感兴趣，第一件事情会做什么呢？肯定是去翻一翻这个人的微信朋友

圈，看看他平时发的照片和文字信息。

所以微信朋友圈是我们对外展示自己的一个非常重要的窗口，要好好地经营。点开朋友圈最先看到的就是朋友圈封面，朋友圈的封面就是我们个人品牌展示的最大"广告位"。你可以把视觉自我介绍设置为朋友圈的封面，这样任何点进你朋友圈的人都能迅速了解你想传递的信息。

有的朋友不想让别人看见自己的私生活，设置了朋友圈3天可见，可惜的是别人连你的工作信息也看不见了，那么这个"广告位"你就可以好好利用起来。

三、用于线上、线下分享的自我介绍

很多小伙伴都有在线上、线下分享的机会，分享也是我们个人成长、建立个人品牌的重要途径。通常分享的第一个环节也是向大家介绍自己。

我们在线上的分享群或直播平台里，可以直接发送自我介绍图片；在线下的分享活动中，则可以把视觉自我介绍放进分享PPT中展示。

四、公众平台的宣传图片

据我所知，有不少朋友创建了自己的个人微信公众号，有的人还会在简书、今日头条等平台进行多平台写作。我们可以把视觉自我介绍放在各大平台发布的文章结尾处，十分有特色。通过这种方式引导关注，你能够吸引到更多的粉丝。

以上就是可视化自我介绍的全部内容了。没想到吧，一张小小的图片居然可以用在这么多的场景中，发挥巨大的作用。制作一张优质的视觉自我介绍是一件一劳永逸的事情，建议你一定要尝试。

7.2

可视化的项目策划，让你在职场上脱颖而出

我经常会说："不以提高工作绩效为目标的学习都是耍流氓。"希望对于视觉笔记这项技能的掌握，也能够帮助你提高工作业绩，实现升职加薪，达到扩宽职场发展道路的效果。

这一点我是有切身体会的，讲一个我自己的亲身经历。有一次我们接到了客户一个非常紧急的项目，需要在一小时内完成一个策划案，因为客户也很着急向他的领导做汇报。

由于时间紧急，我没法像往常一样制作一个精美的 PPT。我觉得不如创新一回，就快速画了一张视觉策划案，发给了客户。

后来，客户就用这张图去跟他的领导做汇报，没想到效果非常好。因为这样的汇报方式省去了翻 PPT 的时间，所有的信息都能在一张图上看到，有问题的部分他们就商量着在纸上圈圈点点，共同商讨出了一个明确的结果。客户领导评价说，这次汇报是一次带有温度且效率超高的沟通。

这次事件后，我们团队得到了客户方的褒奖和更多的合作机会。创意满满的视觉策划案确实能够帮助我们在职场上脱颖而出。

听到这里可能有人会有疑问："视觉策划案虽然好，可是我们公司用的一直都是文字性质的或者 PPT 做出来的策划书啊，这难道不好吗？"

传统的文字策划书千篇一律，枯燥无聊。PPT 形式的策划案会好很多，但是在一些需要快速沟通、反馈的场景，你可能辛辛苦苦准备了好几十页的 PPT，一页一页翻下去，下面的人已经鼾声一片。因为大家看到后面内容的时候，已经忘记前面讲了什么了。

视觉策划案就很适合用于这种快速反馈的沟通汇报，因为它结构清晰，问题和解决方案一目了然，做反馈的时候我们直接在图上修改就可以了。更重要的是这种形式非常新颖，可以一下子吸引别人的目光。据我所知，国内外有很多企业都已经采用了视觉策划案的汇报沟通模式。所以我们才会说，视觉策划案是策划案中的"战斗机"！我们可以将视觉策划案与平时常用的 PPT 搭配使用，一定能让你成为公司的职场"万人迷"。

7.2.1 视觉策划案的核心内容

对于视觉策划案来说最关键的还是内容，我们做视觉策划案不是为了好看，归根结底是为了让客户满意。所以在画之前，肯定要先想清楚策划案的提报对象是谁，需要展示什么内容。无论形式怎样变换，一定都是以内容为主，不能本末倒置。

很多朋友不知道策划案需要呈现什么内容，其实写策划案跟写文章一样都是有套路的。这里给大家分享 3 个应用广泛的写策划案的套路，不知道怎么策划内容的时候，直接参考这 3 种套路即可。

套路一：一般项目策划案的内容框架。

项目策划案常用到的是 5W2H 分析法框架，针对主题分别往何事、何因、何时、何地、何人、怎么做、何价 7 个方向展开分析，这个框架可以帮助我们把项目的相关事宜考虑周全。

套路二：活动策划案的内容框架。

项目策划案框架
- What-何事
- Why-何因
- When-何时
- Where-何地
- Who-何人
- How-怎么做
- How much-何价

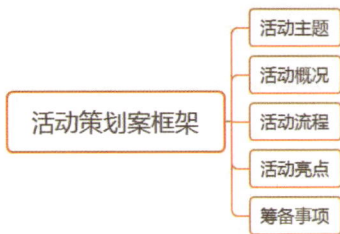

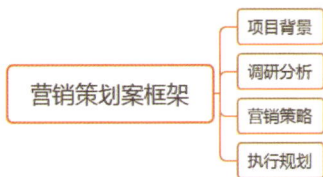

活动策划案可以分为：活动主题、活动概况、活动流程、活动亮点、筹备事项5个部分。

套路三：营销策划案的内容框架。

营销策划案的内容框架可以搭建为：项目背景、调研分析、营销策略、执行规划这几个板块。

在做策划案的文字内容构思时，我们可以按照这3个框架去做延伸思考。当然了，因为各行各业和项目的不同，策划案的内容也会有细微差别，你可以根据自己的实际情况对内容进行增减。

7.2.2　视觉策划案的模板

视觉策划案也可以套用视觉笔记的构图模板，我们常用到的是放射型、模块型以及路径型的模板。

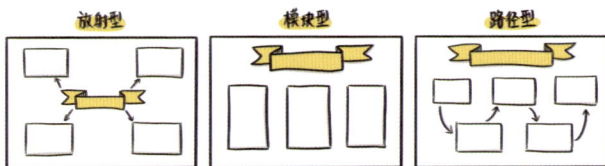

一、放射型

使用放射型模板时，把主题写在正中间，向四周辐射出方案的分支板块内容。比如这张"夏日新品推广策划案"就采用了放射型的结构，主题在中间，5W2H 的 7 个分支模块分别在周边展开。

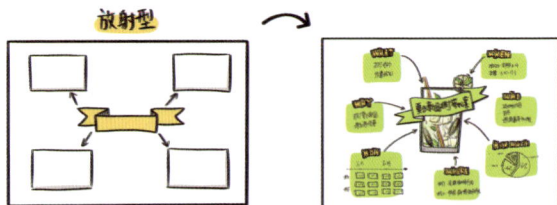

二、模块型

使用模块型模板时，把方案主题写在中上方，然后在纸上画出几个区域模块，在每个模块中记录方案内容。比如这张"画出你的心——5月青岛趁早活动策划案"选用了模块型的结构，可以很清晰地看到，活动概况、活动流程、物料清单等6个板块的内容。

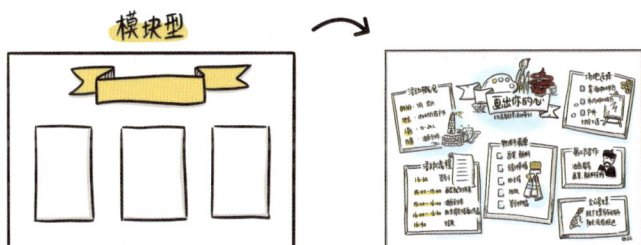

三、路径型

使用路径型模板时，把主题写在中上方或左上方，信息块之间由箭头或引导线串联起来，形成一条路径的效果。信息块的多少同样由我们要呈现的内容数量决定。比如这张"集团精品店年度颁奖典礼策划案"就使用了路径型的模板，按照顺序把6个板块的方案内容依次呈现，并用一条线把所有的模块串联起来。

7.2.3　视觉策划案的呈现技巧

视觉策划案的呈现过程同样遵循我们的"视觉7步法"，我在这里就不重复做展开讲解了。但是为了方便你能直观地看到视觉策划案的整个呈现过程，我以"集团精品店年度颁奖典礼策划案"为案例录制了一个教学视频，扫描下方二维码即可观看。

在这里强调一下在视觉策划案中色彩选择的注意事项。对于策划案这种商务输出文件，主色调的选择是有讲究的。首要原则是选择客户方公司常用色或自己公司常用色，如果这方面没有特别要求，就用与项目主题匹配的颜色。比如关于夏日饮品的策划案，可以选择代表夏季清爽感觉的黄色或绿色作为主色调。科技互联网主题的策划案，就可以选择商务感比较强的蓝色作为主色调，案例中就是用到了蓝色。另外要注意的是，商务策划案的颜色不要过多，不要超过 3 种颜色。

学会了将项目策划案可视化的方法后，我们可以活学活用，把它应用到不同的工作场景中。比如有些策划案需要在会议室里给多人展示，我们不如就使用工程用纸画一张长达几米的策划图，贴在公司的大墙上进行演示。再如在公司的竞聘演讲场合，我们则可以将自己的述职内容视觉化，帮助自己在竞争中脱颖而出。

从今天起，就开始让视觉化成为你决胜职场的锋利武器吧！

7.3
可视化的会议纪要，让领导对你刮目相看

会议纪要应该算是职场中最常用的文案之一了，可是很多职场人都不

怎么重视。他们认为："会议纪要这事太小了，让我记会议纪要简直是大材小用。"

其实会议纪要非常重要，所谓"职场无小事"，会议纪要是一个非常好的展示自己、让领导看到的机会。很多领导没有精力去参加公司的每一个会议，只能通过会议纪要来了解项目进展和人员的工作情况。

拉卡拉董事长孙陶然曾经说过："很多公司的很多会议最后都变成了浪费时间，最大的原因是大家往往只开会，但却不重视会议纪要。会议的唯一目的就是得出会议纪要。"所以如果你的会议纪要做得出彩，就能让领导对你刮目相看。

传统的会议纪要是什么样子的呢？一大篇堆叠的文字，让人没有阅读的欲望。

视觉会议纪要用图文代替了文字的堆叠，好处是它的逻辑清晰、形式新颖。这样一份会议纪要摆在领导眼前，领导不记住你记住谁呢？所以说，视觉会议纪要是会议纪要中的"网红"，它能让会议纪要的阅读打开率提高好几个百分点。

视觉会议纪要如何制作？让我们先来看看一份高质量的会议纪要需要记录哪些内容。

7.3.1　视觉会议纪要的四大核心内容

首先让我们通过下图来思考一个问题：平时的会议纪要都会记录哪些内容呢？

一般的会议都是像案例中展示的，我们会针对一个问题进行讨论，想要通过讨论得出一个解决方案。比如大家看到的这师徒 5 人就是要解决

"如何更好地进行佛法的普及宣讲"的问题，但是会议上，大家你一言我一语说了一大堆，甚至还有很多跟会议无关的发言，我们要记什么呢？

错误的会议纪要是，只记发言，没有结果，没有下一步行动，把会议纪要记成流水账，这样的会议纪要肯定不会让领导满意。

一份高质量的视觉会议纪要，一定要有结论，主要记录以下4部分内容。

（1）会议主题。

（2）会议基本信息。包括会议的时间、地点、人员和目的。

（3）会议结果。包括问题的解决方案、执行分工。

（4）未决事件。

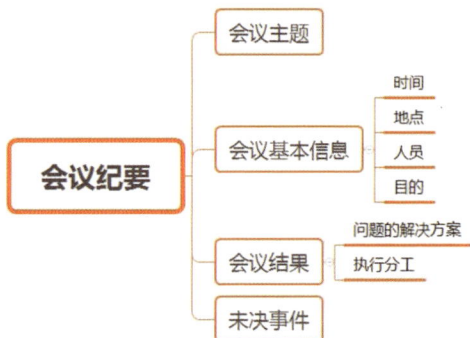

7.3.2 视觉会议纪要的模板

一、问题讨论会议纪要模板

根据会议纪要的四大核心内容，我们可以得出一个问题讨论会议纪要模板，把会议纪要分为四大模块，也就是本次会议基本信息、问题及解决方案、执行分工和未决事件。

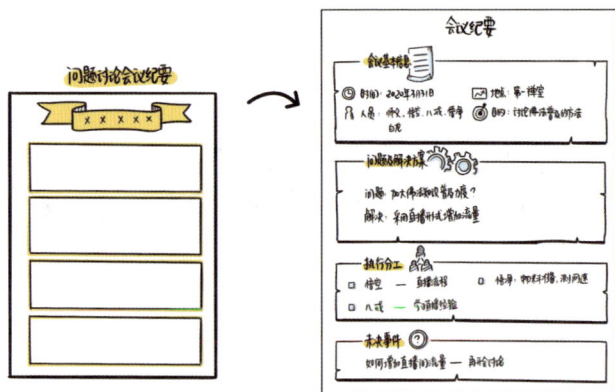

在记录时，只要直接套用这个模板完成会议纪要就可以了。

二、每周例会会议纪要模板

除了上面的问题讨论会议，我们平时还会遇到另外一种会议，类似公司的每周例会，每个人都要汇报自己板块的工作进度、遇到的问题和解决方案。就像下图案例中，师徒几人的工作内容不同，没法记录在一起。

这时候我们就可以用到第二种会议纪要的模板，先记录会议的基本信息，然后把每个人的工作内容记录为一个独立的模块。在每个模块中分别记录负责人是谁、相关问题和解决方案。

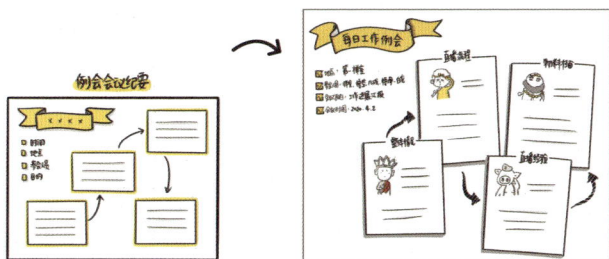

这个模板是按人来记录的，在记录时，你可以给每个参会人画个头像，这份会议纪要就更出彩了。

7.3.3　视觉会议纪要的呈现要点

做视觉会议纪要时，依然可以遵循"视觉7步法"的步骤进行，这里列出几点呈现时的注意事项。

一、会议纪要的颜色使用

视觉会议纪要的主色调要根据公司的常用色或者会议议题来选定，整体用色控制在 2 ~ 3 种，可以用色彩作文字背景色强调二级标题。

比如在这张"执行部会议纪要"中，我们用橙色作为背景色块强调了 4 个模块的小标题，让会议的议题和结论一目了然。

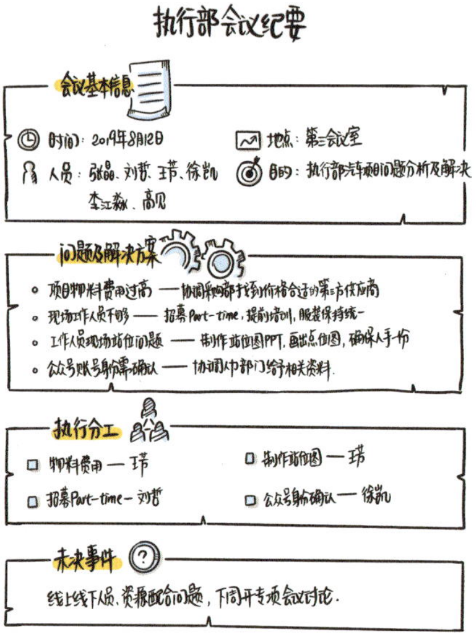

二、选择性画出现场座位图

记录基本信息的时候，我们还可以根据会议的现场情况画一个现场座位图，如案例"年会项目沟通协调会"的会议纪要所示，画出会议桌，标记出每个人的名字，帮助大家在会后重现会议场景。

三、即时性会议纪要可提前写好会议信息

即时性会议纪要就是需要在会议中边听边记，在会议结束后的 5 分钟内发送给所有参会人员的会议纪要。做这种会议纪要难度要大很多。

因为会议中大家的发言通常比较发散，这就非常考验我们在会议中的聆听能力、对信息的提炼过滤能力，还有快速呈现信息的能力。这就是为什么一定要在平时多做聆听和信息提炼的训练，在实际的工作中确实会经常用到这些能力。

对于做即时性会议纪要，一般会议主题、议题、会议时间、地点等基本信息是在接到会议邀请时就了解的，所以这部分内容可以提前绘制好，这样在开会期间就能够集中精力聆听会议发言的内容了。

视觉会议纪要让会议的议题和结论一目了然，让职场人重新开始关注和重视会议纪要这项基础工作。不如在下次的工作会议中，你也尝试用这个方法做一份出彩的会议纪要吧。

7.4

可视化的知识卡片，让你在表达时言之成理

曾经收到过网友提的一个问题。

"在我们公司开会的时候，领导总会让大家就一个问题说说自己的看法，我每次要不就是想不到说什么，要不就是说上一两句就没有可说的了。可是有些同事不一样，他们思考问题总是一套一套的，1、2、3、4点说得特别全面，这到底是怎么回事啊？是我的知识量不够丰富吗？"

相信不少职场人也有同样的问题，开会发言没有逻辑，解决问题想不出系统的对策。其实工作几年大家的知识储备都差不多，这位网友的问题在于头脑中没有思维模型，想问题是散的，说出来的话自然也是零散的点，不可能系统而全面地解决问题。

举个简单的例子，我现在问你"如何找到一个完美的职业？"你会怎么回答？

你可能会凭直觉说："完美的职业，要赚钱多，还要是自己喜欢的工作。"然后就没有可说的了。

但如果你脑子中有一个"生涯三叶草"的思维模型，就会这样表述："要找到一个完美的职业，可以参考'职业生涯三叶草模型'，我们要考虑自己的兴趣、能力和价值观，这3个要素的交集才是对自己来说完美的职业。好的职业应该是你喜欢的，能做好的，而且

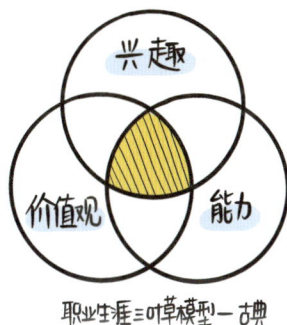

职业生涯三叶草模型—古典

能给你想要的回馈的。首先说说兴趣……，然后是能力……，最后说说价值观……"

你看，这样的说法是不是瞬间就"高大上"起来了，领导和同事也会对你刮目相看。这就是思维模型带来的好处，让我们可以系统地思考一个问题。查理·芒格说过："思维模型是你大脑中做决策的工具箱，你的工具箱越多，你就越能做出正确的决策。"

在现实中，有很多思维模型都能用视觉图示表现，这些图示就像给思想穿上了外衣，能够更好地让人们看到它的样子。

我经常会制作视觉知识卡片，其实就是为了积累大量的思维模型，帮助我在工作和生活中解决各种领域的各种问题。

7.4.1 什么是视觉知识卡片？

视觉知识卡片是记录思维模型的卡片。平时在很多场景中我们都能接触到思维模型，可是大脑一次性又记忆不了太多内容，就可以用卡片帮助我们收集和整理，等需要用的时候就可以轻松取用了。

比如这张视觉知识卡片记录了 SMART 原则这个目标管理的思维模型。

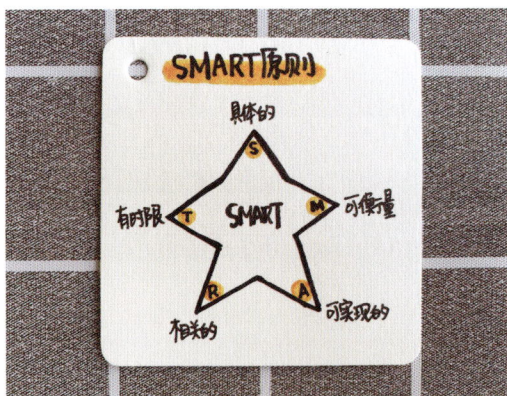

SMART 原则

S（Specific）：目标必须是具体的。

M（Measurable）：目标必须是可衡量的。

A（Attainable）：目标必须是可实现的。

R（Relevant）：目标要与其他目标相关。

T（Time-bound）：目标必须具有明确的截止期限。

之前总听到这个目标管理的原则好用，但真到自己要用的时候却记不全，于是我就把它做成知识卡片存储起来。当我在工作中要制定目标时，就可以翻到这张卡片用 SMART 原则来规划一个更符合实际、可实现的目标。

再如这张视觉知识卡片，记录了 PDCA 循环，它不仅是企业质量管控的工具还是职场个人复盘的神器。

PDCA 循环

P（Plan）：计划。
D（Do）：执行。
C（Check）：检查。
A（Act）：处理。

用 PDCA 循环的模型，每周都可以对自己的工作进行复盘。我每周末会做下周的工作计划，然后进入具体执行。执行完毕后检查计划有没有顺利完成，并总结有哪些做得好的地方可以形成经验，做成标准化的流程与团队分享，又有哪些地方出现了问题，就在下一阶段进行改进。

"SMART 原则"和"PDCA 循环"等思维模型就是解决问题的公式，前人已经总结出无数解决不同问题、能够拿来就用的公式，这对我们来说是极大的财富。制作视觉知识卡片能把前人的智慧收集起来，慢慢化为己用。

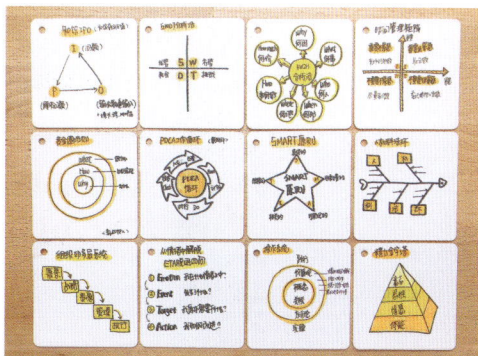

一、工具准备

（1）一套两面都是空白的方形卡片纸。

卡片可以是穿好孔的，带一个铁环，这样我们就能把所有制作好的知识卡片串联在一起，不容易丢失。在淘宝上能买到空白卡片，非常便宜。

（2）黑色针管勾线笔或普通黑色签字笔。

（3）水性马克笔。

二、制作方法

（1）在卡片的正面写上思维模型的标题，画出思维模型的框架并填充内容。

（2）在卡片反面写上这个思维模型的具体细节和使用边界。

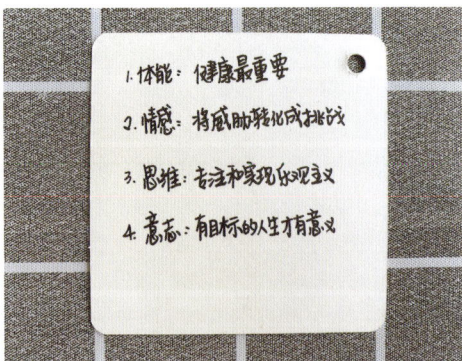

（3）用水性马克笔为重点信息涂上背景色块，起到强调的作用。

（4）把视觉知识卡片进行归纳整理，并用铁环串起来保存好。

有了这些思维模型以后，在遇到问题的时候翻看相应的卡片，就能找到解决问题的突破口。翻阅的次数多了，对卡片上的内容自然也就烂熟于心了。用这个方法，我们大脑中解决问题的工具会越来越丰富。

如果担心知识卡片太多后期不容易搜索，可以每制作一张知识卡片就扫描成图存到"印象笔记"中并做好标签分类，在需要用的时候通过搜索标签就可以找到相应的模型。

7.4.3　在哪里收集思维模型？

一、看书时积累

我们平时读书的时候，就经常会浏览到一些思维模型，以前可能看看就过去了，但现在你要开始留心积累。比如我随手翻开《洋葱阅读法》，里面就有这样的图。

红框内的三角形是一个"兴趣金字塔"的思维模型，说明了兴趣分为 3 个层次——感官兴趣、学习兴趣和职业兴趣。了解过后我们对兴趣的认识就不再是片面的，而是知道了兴

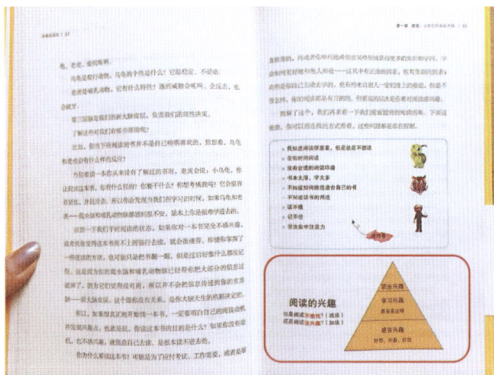

趣的不同阶段。

书中很多思维模型都是以图片的形式展示的，在阅读时看到插图可以多停留几秒钟，把有用的模型用知识卡片的形式记录下来。

二、工作中的收集

除了读书，在工作中我们也会接触到大量的思维模型。比如在公司的战略发展讨论会上，你可能听到过 SWOT 分析法这个模型。

SWOT 分析法

S（Strengths）：优势。
W（Weaknesses）：劣势。
O（Opportunities）：机会。
T（Threats）：威胁。

我们可以用 SWOT 分析模型对企业或产品进行全面、系统的研究，从而根据研究结果制定相应的发展战略、计划以及对策。

就这样，在开会、培训时或者在别人的方案里看到某个不错的思维模型，先默默记下来，回家后再通过搜索引擎深入了解，做成知识卡片，在以后的工作中尝试使用。

三、信息流中的收集

当你脑子中已经植入了收集思维模型的信念，就会在更多的地方看到模型。比如在手机上看文章或是听知识音频，甚至是跟人聊天的时候都能收集到思维模型。

通常在文章里，有一些思维模型的配图可以直接保存。关于知识音频或是知识分享，不光是内容本身可能会展示思维模型，你还可以去分析分享人组织内容的底层逻辑，他的分享结构大纲是什么，这有可能也是一个不错的模型。

　　制作知识卡片能够帮助自己记忆和积累更多的模型，找到解决不同问题的方法。卡片其实就是收集和记忆知识的工具，所以举一反三，我们还可以用它做很多其他的事情。

一、制作学习卡片

　　可以把你正在学习的内容知识点用卡片记录下来。

　　有段时间我学习时间管理，过程中学到了很多时间管理的工具和方法，比如时间管理四象限、情绪管理法、番茄工作法等，一下子真是难以消化。于是我就把这些方法制作成卡片，并在卡片背面写清楚每个方法的适用范围。在实践的时候，遇到不同的时间管理问题，我就会去翻看并使用对应的方法，有节奏地消化和吸收这些时间管理工具。

二、制作视觉元素卡片

　　如果你正在收集视觉元素，也可以用卡片的形式收集。我曾经有一个习惯，每天清晨起来就把看到的喜欢的图画成一张视觉卡片，长期积累下来，掌握的视觉元素越来越多，这套视觉元素卡片就变成了很好的绘图工具。

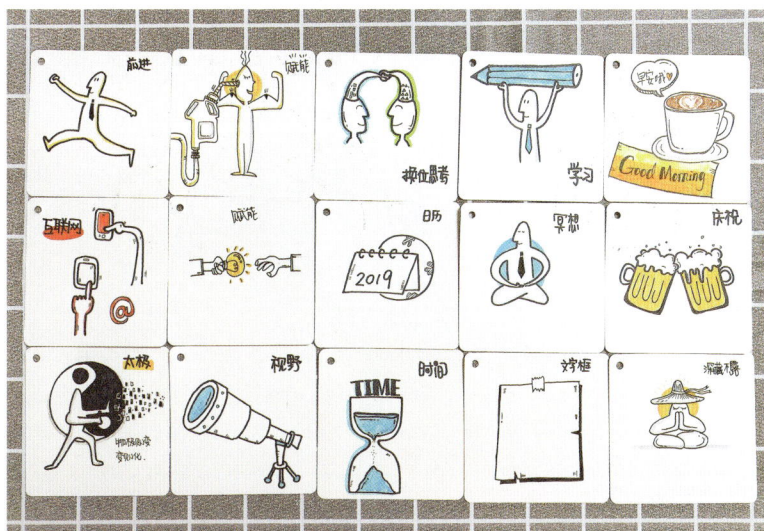

三、亲子沟通卡片

如果你是职场妈妈、爸爸，可以和自己的孩子共同制作一套用于沟通的图形卡片，跟孩子一起锻炼图像思维和创造能力。如果你愿意，甚至可以制作几套游戏卡，一家人一起来制定游戏规则，这是一种很好的亲子沟通方式。

7.5

学会画图沟通，与沟通不畅说再见

前段时间有个视频特别火。

老板来到公司，跟员工说："10分钟后大家都到会议室开会，带上你们'吃饭的家伙'！" 10分钟以后，大家都带着笔记本电脑、工作文件坐进了会议室，只有小张真的拿着自己的碗筷哼着小曲走进了会议室。结果小张就被老板给开除了。

小张的问题出在，对领导的话的理解出现了偏差，导致被老板开除。这虽然是个"段子"，但却影射了职场中常见的沟通不畅的问题。我们在工作中经常会遇到类似的情况，你跟同事沟通一项工作，你觉得自己说得很明白了，对方也说自己听懂了，可是对方最终做出的工作却完全不是你本来传达的意思。

其实沟通不畅的问题不仅发生在职场中，在夫妻之间、家长与孩子之间、老师与学生之间也很常见。曾经看过一个关于男女之间沟通对话的隐喻图特别有趣。

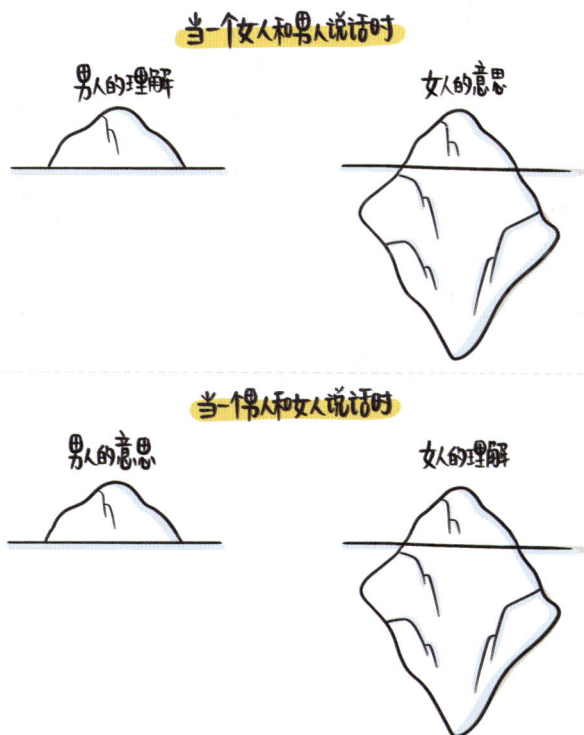

造成沟通不畅的根本原因就是信息不对称。沟通的双方或多方由于文化、教育、性别、专业背景、思维方式有差异，对同一问题的理解就会不同，做出的判断自然也就不一样。但是我们在与人沟通时，每个人对问题的理解和思考都只能停留在自己的大脑中，无法相互验证，这就造成了对信息理解有偏差却彼此毫不知情。

想改善沟通中信息不对称的问题，我们可以拿起视觉的武器，通过画图来沟通，为无形的思想赋形。画图沟通，就是在沟通时将想法呈现在纸上，这样大家就能够看见彼此的想法。如果有想法不一致的地方，在第一时间就可以发现，随即快速协商达成共识，做到高效沟通。

举一个把画图沟通应用在工作中的案例。做发布会项目执行的时候，我们需要与客户沟通现场舞台的布置、餐台的位置、座椅摆放形式以及领导的座位等信息，但是如果光凭嘴说客户根本没有概念，找设计师做一张图费钱又费时间，我们就直接动手画了一个简要的现场布置图用于沟通。

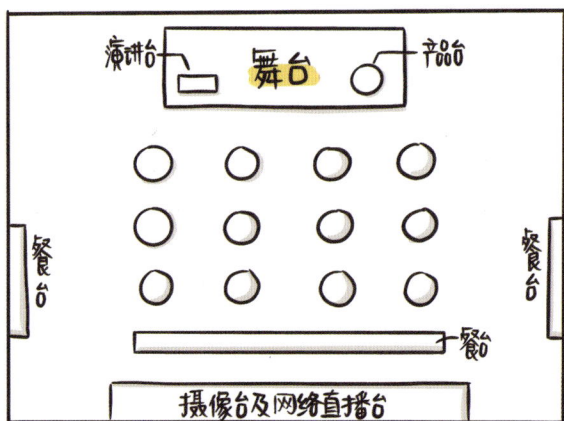

用于沟通的发布会现场布置图

在沟通中客户有什么不同的建议，我们就在这张图上直接修改，很快就可以达成共识，极大地提高了沟通效率。

你一定觉得在沟通中画图这事挺难的，需要在短时间把想法呈现出来，甚至还要在沟通的过程中随机地呈现一些新的想法。其实画图沟通并没有你想象的那么复杂，基本原则是画出能够促进目标达成、简单而直达人心的图就可以了。画图沟通可以遵循以下 3 个步骤。

第一步：确定沟通目标。

我们把闲聊排除在外，需要画图沟通的事项肯定都有一个沟通目标。比如案例中画出"发布会现场布置图"，我们的目标是与客户确认发布会的布置情况，得到客户的反馈信息，双方就布置方案达成共识。

第二步：根据沟通目标提前设计沟通流程和沟通图形框架。

在沟通前我们需要根据目标设计好沟通流程，设想是否需要提前准备一些图或者简单的图形框架来辅助沟通。

比如与客户沟通发布会现场布置情况，在沟通前我们要先根据自己的想法设计出一个布置情况的基础图。这张图用到的图形非常简单，舞台、餐台用长方形表示，桌子用圆形表示，图虽然画得简单却能很好地达成目标。

画图沟通是明确彼此目标、促进达成共识的过程，而不是一个呈现结果，画出的图相对于好看而言更注重简单、直接。

第三步：得到反馈信息，完善并达成共识。

在正式进行沟通时，我们会收到来自沟通方的反馈信息，需要把反馈信息完善到图里，以求达成共识。这个补充修改的过程可以我们自己来做，也可以让对方动手画，最终的沟通成品图是大家共创的结果。

比如案例"发布会现场布置图"，客户看到我们的基础图后反馈说："把活动现场两侧的餐台取消，只保留中间的餐台，为嘉宾留足进出的空间。"于是我们便根据客户的要求进行了调整，就这样很快达成了一致意见。

先确定沟通目标，再根据沟通目标提前设计沟通流程和沟通图形框架，在沟通时得到反馈完善信息，完善并达成共识。这是画图沟通基础的 3 个步骤，在实际的操作中我们可以灵活运用。

可应用画图沟通的场景其实非常多，在不同场景中的实践方法也会有所差别。为了更好地展示画图沟通的实践方法，我根据应用场景的不同把画图沟通分为三大类，下面就针对每个类别讲解一些实际的案例。

7.5.1 第一类，工作、交流类沟通

平时我们经常会面临向领导、同事、合作方、朋友传达想法寻求反馈的时刻，比如上面与客户沟通发布会现场布置的情况，就属于这一类沟通。再举几个工作和生活中使用画图沟通的实际案例。

一、医患交流

我的一个朋友是一名护士，她所在的科室中有一些在口腔中插管或者年龄很大的病人，这些人因为疾病无法通过正常的语言表达需求。朋友就制作了一套医患交流的沟通卡片，卡片上写着"吃饭""喝水"等生活基本需求，病人就可以通过指卡片的方式向医护人员表达需求。

在这个案例中，朋友的目标是了解无法正常沟通的病人的需求，于是根据病人的常见需求提前绘制了沟通卡片，在交流时进行展示，得到病人的反馈信息。

二、亲子沟通

通常家长想让孩子做某件事情，往往喜欢用下命令的口气说话，虽然初衷是为了孩子好，但是孩子往往不能理解，只是被动接受，完成效

果并不理想。可以用上一节讲到的亲子游戏卡片，把想让孩子达成的目标画成游戏关卡，通过游戏的沟通方式，引导孩子产生主动做这件事情的兴趣。

在这个案例中，沟通目标是让孩子完成他不愿意做的某件事情。我们在卡片正面画上任务名称和规则，任务名称要起得童趣一些，然后在卡片背面画出完成任务后可以得到的奖励。这种游戏化的沟通方式会充分调动孩子的兴趣，从而使其快乐地成长。

三、自我沟通

画图沟通也可以用在为自己梳理思路上。我们有时候思考某件事情总是想不清楚，脑子中一团乱麻，这时候就可以动手在纸上画一画，画图的过程就是一个和自己沟通、整理思绪的过程，画完了事情也就想明白了。

比如我每年在年底都会用画图的方式梳理新一年的年度计划，先在纸上画一个"人生九宫格"的模型，然后通过思考将九宫格的格子填满，新一年的目标和规划也就跃然纸上了。

人生九宫格

学习成长	体验突破	休闲放松
工作事业		家庭生活
身体健康	财务理财	人际社群

7.5.2　第二类，会议类沟通

会议对于公司的作用在于传达信息和有效沟通，大家通常会为解决某个问题而开会讨论。但是会议却逐渐成了职场人的"梦魇"，因为有的会议是领导一个人滔滔不绝，其他人没有话语权听得昏昏欲睡。有的会议则是效率低下，可能连着开了 3 个多小时，最终却没有做出任何决策。花这么多时间做一件没有结果的事情，大家当然不愿意参与。

画图沟通在会议中的使用是将会议的过程视觉化，在会议前要根据会议的目标设计带有会议流程的视觉模板，在开会过程中，按照流程指引大家参与讨论、互动从而思考和解决问题。最终的会议结果是大家共创而成，所有人的想法都会呈现在纸上，会议过程轻松有趣，每个人都有参与感，还能让大家快速达成共识。这是一种创新的开会方式——视觉会议。

下面举个具体的例子说明如何从 0 到 1 打造一场视觉会议。

假如现在我们的项目组要开一次工作会议，目标是制定下一阶段的工作愿景和任务，我们依然可以遵循画图沟通的 3 个步骤去做会议设计。

一、确定会议目标

本次会议的目标是：制定下一阶段整个部门的工作愿景和阶段性任务。

二、根据会议目标设计会议流程和沟通图形框架

如果一上来就让大家讨论未来的愿景目标会比较空洞，所以设计出的会议流程为：先分析部门当前的工作情况，再讨论未来愿景，最后把愿景拆解，规划阶段性工作。这样的安排，让大家可以在对之前工作复盘的基础上，做新阶段的展望。

根据这个流程，我们就可以提前画出一张会议的框架图，把会议要讨论的几个环节融合到框架图中。会议的框架图就相当于整个会议的流程引导工具。

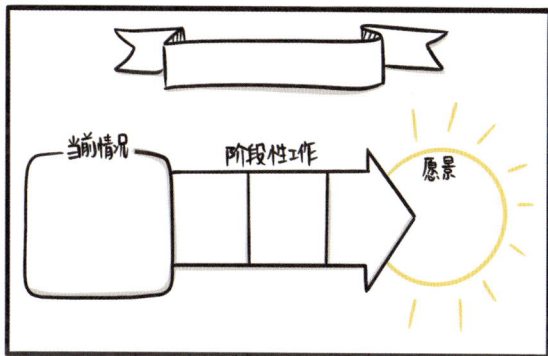

这个过程有点像在出一份试卷的填空题，你负责把问题提前出好，等着大家在会议过程中共创答案，一起填写试卷。

三、推进会议进程，完善和填充框架图，得到会议结果

在开会的过程中，按照框架图的流程引导参会成员讨论议题。先讨论当前的工作状况，再讨论部门未来的愿景目标，最后把愿景目标进行拆分，讨论阶段性的工作。

在讨论的进程中，会议引导者把大家的发言记录在会议框架图里，也可以让参会成员把自己的想法写在便利贴上，贴到框架图相应的位置上。视觉会议得出的最终结论是所有人共创的结果，每个人在会议中都有参与感，大家会非常愿意贯彻执行会议的结果。

当然了，在实际的操作中不同会议会用到不同的会议框架图，要根据会议主题和会上要讨论的议题来进行设计。大家可以将自己收集的思维模型进行组合，也可以自由创造新的模型，原则是会议框架图的每一部分都要跟会议需求完全匹配。在我的另外一本书《一页纸工作法》里介绍了职场人常用的视觉会议框架图和使用方法，有需要的读者可以做延伸阅读。

7.5.3 第三类，培训、教学类沟通

培训和教学属于讲师与学员之间的沟通。我们传统的培训和教学模式，都是讲师在台上讲课，学员坐在台下被动听课，课程中很少互动。由于讲师与学员之间文化和专业认知差异较大，这种信息不对称让学员不可能听懂讲师讲授的全部内容，学员的听课积极性就会受挫。

画图沟通在培训中的使用跟视觉会议类似，可以提前将培训内容的视觉框架画出来，在课程中，讲师一边讲一边把重点信息填充到框架图中，最终形成一张完整的课程内容图。

当然了，填充进去的内容，不光是讲师讲授的内容，还可以是学员经过讨论得出的结论。在培训中依然可以使用便利贴这个工具来增加课堂的交互性，大家把想法写在便利贴上，通过对这些便利贴上的想法进行粘贴、移动、分组、选择，找到答案，学习过程就变成了一种游戏。当学员主动参与到整个教学进程中时，其会非常专注，学习效果自然会更好。

画图沟通真的是一个简单又有趣的工具，能够很好地改善沟通不畅的问题。其实现在很多人都已经开启了画图沟通的创新沟通模式，我现在就

参与到了"画图沟通学院"的组织中。它的发起人是小涂老师，这个学院的使命是：让画图沟通成为国人的通识技能。衷心希望每个人都能真正把画图这项技能融入工作和生活中，让它成为你与他人更好地达成共识的桥梁。

7.6
视觉化你的读书笔记，实现阅读能力 3 级跳

7.6.1 把读书笔记视觉化的三大好处

我从 2016 年才开始对读书这件事有了颠覆性的认识，以前把阅读当成一项任务，后来发现阅读真是一件乐趣无穷的事情。通过阅读，我们既能增长知识，又能在书籍中认识现在的自己并寻觅未来更好的自己。

读书的过程就是与作者对话的过程。在现实中我们没有机会与古今中外的作者面对面地交谈，但是在书中，却能够了解到这么多高人充满智慧的思想。所以我经常觉得，掌握正确的读书方法，就像炼成了金庸武侠小说中逍遥派的最高武学"北冥神功"一样，可以吸收各路高手的功力化为己用。

但是尽管阅读有这么多的好处，很多人还是不喜欢阅读，原因是他们觉得读书是一件很痛苦的事情。很多书读一半就读不下去了，即使读完了好像也跟没读一样，什么都记不住。

读书时输出视觉笔记就可以解决这些问题，视觉化读书笔记有 3 个好处。

一、为阅读找到目标，从被动阅读转变为主动阅读

很多人看书，一上来就从第一页往下读，没有任何的目的性，很难读完一本书。就像我们大学的时候，不管是学渣还是学霸，都能熟记一个单词"abandon"，因为它是几乎所有四六级单词书的第一个词，但后面的单词能否记住就因人而异了。

读书是需要目标的，做视觉读书笔记时我们会带着问题去阅读，需要做信息的提炼过滤、结构思考以及图像呈现。所以在阅读时，我们不可能还像之前那样漫无目的，而是必须要主动调用大脑去思考，有目标地搜索问题的答案和关键点，阅读能力会明显提升。

二、用一张图可以看清知识全貌

对于一本书来说，书中的知识点是线性排列的，如果看不到知识之间的关联性，有时候看到后面章节对前面的知识点就已经没有印象了。一般情况下，人们一次性记忆 7 条内容都难，就更别提记忆一本书的内容了。

视觉笔记可以帮助我们把知识点结构化地呈现在一张图上，你面对的就不再是零散而繁多的知识点，而是一个知识"晶体"。当我们看到知识点之间的结构关系时，自然就能更好地理解书的内容。

三、帮助记忆，让读书充满乐趣

视觉笔记中的图像能够帮助我们记忆专业而枯燥的知识，而且阅读和画画两件事情在一起会碰撞出奇妙的火花，边看书边画图让阅读这件事情变得有趣起来。

7.6.2 如何将一本书画成一张图

做视觉读书笔记是一项系统工程。我们要带着问题去读书，先了解书的知识脉络，抓住重点信息，然后有针对性地进行呈现。做读书笔记的过程遵循做视觉笔记的四大环节：输入信息—结构思考—构图规划—视觉呈现。我们以《能力陷阱》一书为例从头到尾操作一遍。

第一步，输入信息。

读书时需要带着问题阅读，注意对书的内容进行筛选、过滤，这点我在本书的 3.2 节中以《能力陷阱》为例做了详细的拆解，可以返回进行回顾。对于一本厚厚的书，通过对信息进行过滤，我们大概了解了书的结构，找到了解答自己的问题的答案和具体操作的方法、步骤，还有其他重要的信息。这个过程就把被动阅读变为了主动阅读。

第二步，结构思考。

把过滤出的信息进行结构整理、分类分层，使笔记更加结构化。我们看书时在大脑中应该有一个结构图，这个结构图随着我们看书的过程会越来越丰富、壮大，就像下面这张《能力陷阱》的结构图一样。

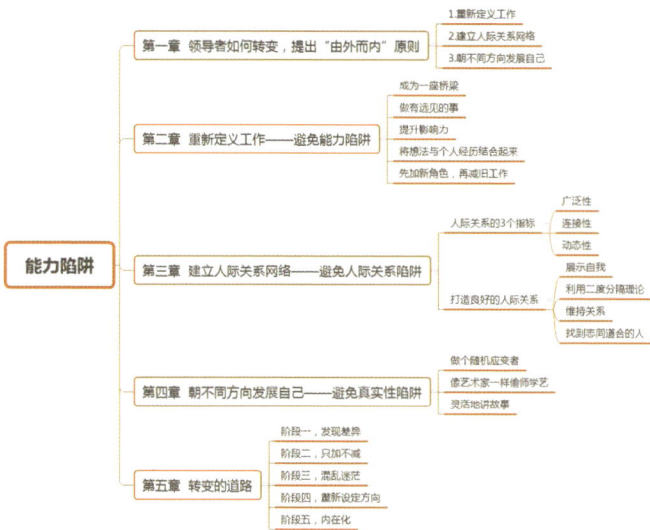

当然了，虽然不需要真的画出一个这样完美的结构图，但是为了后期呈现方便，可以边看书边在纸上做简要的记录，或者在书上做一些标记，帮助自己梳理逻辑。

第三步，构图规划。

为视觉笔记选择适当的版式构图。对于《能力陷阱》这本书，结构图中第二层5个题目之间属于递进脉络，所以我选择路径型的构图模板。

第四步，视觉呈现。

用"视觉7步法"将读书笔记呈现出来。下图就是最终呈现出的《能力陷阱》的读书笔记，你可以拿这张图与上面的结构图进行对比，看看相应的文字是如何转化为图像画面的。

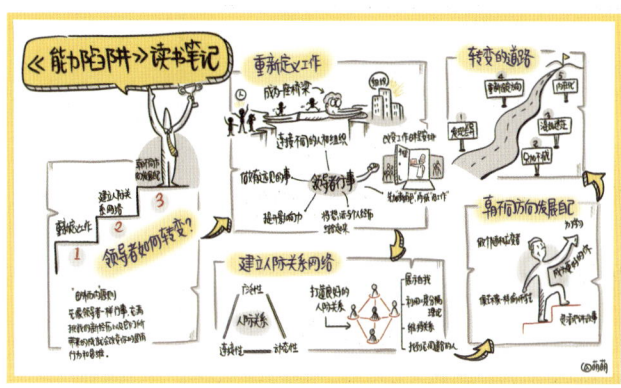

整张读书笔记很清晰地分成五大部分，第一部分是全书的总括，讲述了实现领导者转变的"三步走"，于是我画了一个三级台阶来分别记录 3 个步骤的内容。

第二部分是"重新定义工作"，其中很有画面感的内容是"领导者要成为连接不同人和组织的桥梁"。我画了一个悬崖，两边分别是人和组织，领导用身体连接两端的悬崖形成了"桥梁"，两个小人正在利用这个特殊的桥梁走到悬崖的另外一端。怎么样，这个画面是不是非常有趣，一下子就让你记住了"领导者要成为桥梁"的这个知识点？当你看到这个画面以后，相信这个知识点就印在脑海中再也忘不掉了。看图像带来的好处是光看书或者文字笔记绝对没有的。

其他的几部分内容也是通过匹配相应的图像来进行呈现的。整体的文字层次和颜色搭配都符合之前讲到的原则。

用这样的一张图，可以看清《能力陷阱》整本书的全貌，每一章与每一章之间的联系、知识点与知识点之间的关系都一目了然，对于这本书我们做到了系统性地接收信息。如果未来你想要给他人讲解这本书的内容，这张图就是一个很好的大纲。

7.6.3　用隐喻大画面串联知识点，增强阅读理解能力

视觉读书笔记的升级画法，就是用一个与书的主题相关的隐喻大画面构图，把书中的知识点串联在一起。这种大画面的读书笔记对于知识点的记忆效果更佳。

比如还是为《能力陷阱》做读书笔记，书中主要的内容是避免"能力陷阱"、"人际关系陷阱"和"真实性陷阱"的方法，结合"陷阱"这个主题我就构想出了一个职场人在布满陷阱的道路上前行的大画面。

记录时，我把每个部分的内容记录在相应的陷阱周边，知识点就被串联在一起，整张读书笔记就形成了一条完整的故事线。

再举一个《洋葱阅

读法》的视觉读书笔记案例。《洋葱阅读法》讲授了一整套系统的阅读方法，这本书有意思的地方在于，作者将冒险故事融入阅读方法的学习中，每一个洋葱人物对应一道关卡，读的时候就特别有画面感。

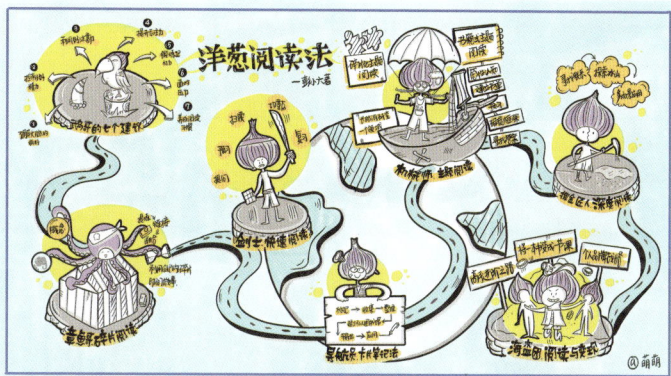

这本书一共有七章的内容，做读书笔记时我是这样来构建大画面的：在大海上有七个岛屿，每个小岛上分别站着这一关的主人——鹅哥、章鱼哥、剑士、导航员、机械师、掘金匠人和海盗团，他们分别用自己的方式介绍相应的章节内容。一条蓝色的道路串联七个岛屿，中间的地球象征着经过这次冒险，我们将打开一个全新的世界。具体每一关的内容都是根据书中的要点进行图像的转化并把相应的知识点与图像融为一体。把所有的知识点融合到一个大画面中，会让知识的系统性更强。

用一张图画出书的结构和重点知识内容，非常有助于我们的记忆和后续的复习。

7.7

可视化你的旅行日志，做朋友圈最靓的仔

大家都喜欢旅行，旅行可以让我们暂时离开本来的生活，去认识新的世界和新的自己。平时大多数人会用拍照来记录旅行，但是过不了多久，

那些相片就会被遗忘在手机和电脑里，旅行中的点滴记忆也会被我们渐渐遗忘。

记忆会退却，如果将其记录下来就不会。有没有想过把自己的旅行感悟视觉化呢？亲手制作旅行日志的时候，我们可以静下来重温旅途中的美好瞬间，这样的旅行日志是有温度且富有创造力的，分享出去也必定会大受欢迎。

想象一下多年以后，当你和一起旅行的家人、朋友再次翻看这张旅行日志，美好瞬间将一幕一幕浮现眼前，这份快乐难以用语言形容。

那么，如何制作一份视觉化的旅行日志呢？让我们分别看看旅行前、旅行中和旅行后分别要做哪些工作。

7.7.1 旅行前

一、了解旅行日志可以记录哪些内容

旅行日志的内容可以随心记录，比如旅行的行程安排、当地的景点和美食、每天的日常开销、看到的新鲜事物、旅行中的感悟、朋友的趣事都可以成为内容素材。

很多人在旅行前都会做一做功课，比如阅读当地的攻略和游记，提前了解有什么好玩的景点和好吃的美食，提前做个旅行的行程计划。

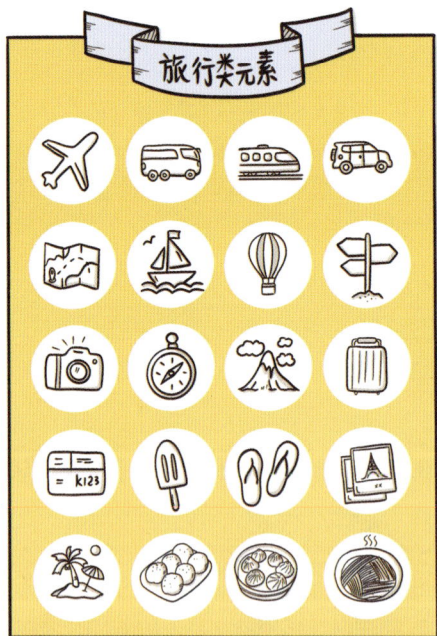

二、收集旅行视觉小元素

旅行日志中会用到很多与旅行相关的元素，可以提前收集一些，这样在做旅行日志的时候就可以拿来就用。

这是我汇总的旅行视觉元素素材，包含旅行的交通工具、必备日用品和各地美食类的图形，在做旅行日志时可以选择使用。

一、专注地玩

想要拥有快乐的旅行，必须让自己放松下来。很多人都想通过旅行忘记烦恼，但如果内心不宁静，你在旅行中看到和听到的内容都只能是过眼云烟而无法进入你的生命中，自然也无法带给你快乐。我们只有专注于当下的喜乐，焦点才能从那些琐碎的烦心事中抽离出来，否则你只是换了一个地方惆怅而已。

很多人在旅行中都喜欢不停地拍照，其实可以少拍些照片，多用心观察这个陌生城市中的人和事，和他们融为一体，会有换了一种人生的感觉。

讲视觉笔记的输入时提到过，在接收信息时要做到专注地聆听，专注地玩要就是我们在旅行中要做的事情。

二、收集旅行中的实物素材

旅行日志的有趣之处在于，我们可以把它制作成 3D 交互型笔记，听起来比较高端，其实很好实现，只要你在旅行中留意收集一些实物素材将其用到我们的日志中。比如旅行中你用过的机票、火车票、景点门票、当地的手绘地图、景点的宣传手册或景区介绍、博物馆的小册子，甚至是一些你喜欢的落叶和花草，都可以收集为旅行日志的实物素材。

如果有条件，你还可以随身携带拍立得相机，它能立即成像，相片的体积很小，后期将相片贴在旅行日志中会非常出彩。

三、记录和整理每天的行程和感受

一般的旅行都是连续几天的行程，而且每天走走逛逛身体会疲惫，所以我们会选择在旅行结束后统一做旅行日志。这就需要每天对当日的素材做个整理，否则回去以后很多美好的记忆和好玩的创意都忘光了。

你可以找一个本子记录自己的旅行安排、每天的感悟、有意思的事情，用简要的文字记录即可。关于那些收集的实物素材，则可以随身携带几个曲别针和小收纳袋，把素材按照日期的顺序进行整理和备注，这样方便后期做日志的时候选取素材。

7.7.3 旅行后

旅行后，我们就可以开始呈现我们的视觉旅行日志了。视觉旅行日志常用到的就是路径型的版式构图，通常来说我们会按照时间顺序或者空间顺序对游览的目的地以及个人感受进行呈现。

下面分享几篇我和我的朋友们的旅行日志，我会通过边点评边讲解的方式说明旅行日志的呈现要点，你可以看到不同的人在呈现旅行感悟时的奇思妙想。

这张图是我曾经制作的一张云南旅行的旅行日志。从图中可以看出，两个小人乘坐飞机的部分是起点，第一站到达昆明，可以看到我们游览了昆明的地标性建筑金马碧鸡坊、军事院校陆军讲武堂和云南大学。第二站是大理，游览了美丽的苍山、洱海、大理古城和喜洲。然后从大理出发到达第三站丽江，游览玉龙雪山、丽江古城和富有灵性的束河古镇。第四站游览了宁静的泸沽湖及周边的美景。我用一条小路将整个行程的所有景点串联起来，形成了一幅云南之行的游览地图。

这篇视觉旅行日志的特点是，使用了手绘图与实物图结合的呈现方式，实物图选用的都是每个景点有代表性的建筑，给

人一种既丰富又灵动的感觉。

这张"八大关踏青之旅"是在青岛八大关游玩后制作的旅行日志。我们一行人从函谷关路出发，游览了公主楼、第二海水浴场、花石楼、海滨木栈道等景点。在游览途中我用拍立得相机拍了几张照片，在制作日志时贴在作品当中与手绘融为一体。

这张图同样采用了路径型的构图，只是串联景点的道路是根据实际情况画出来的，有的画成了公路的造型，有的则用到沿海城市独有的木栈道的造型。

这张图是我的朋友黑眼豆豆的作品，记录了一次长达10天的旅行，有意思的是日志的标题"浙赣皖苏十日囧行"，一个"囧"字就特别吸引人去看具体的内容。这篇旅行日志记录了一路上发生的一系列囧事，尽管这样，正如最后作者写到的，这次旅行还是囧并幸运着。所以你在构思旅行日志的内容时，也可以提取一些旅行中的有趣元素和感悟，或者写上几句金句，这些都能让你的日志更具吸引力。

这张作品用到的也是路径型的结构，采用虚线的造型将城市与城市连接了起来，每段虚线旁边还画上了到达这个城市乘坐的交通工具，比如飞机、火车还有汽车，很有画面感。

在颜色的搭配上也很讲究，使用了橙色和蓝色这两种互补色，橙色作为主色调，蓝色作为辅助色。

最后一个案例，是朋友王燕的作品，作品的主题是"黄山逍遥行"。这张作品的特色是，她将游览路径与黄山的游览地图完美地结合在一起，非常清晰地绘制出自己4天的游玩过程，这也是非常有特色的一种表现形式。

通过对以上4张作品的分析，我们来总结一下旅行日志的呈现要点。

（1）常用的旅行日志构图方式是路径型。

（2）做旅行日志时，根据内容进行图像联想，有时可以做一些跟旅行相关的隐喻尝试。旅行日志中的图形框和引导线也可以根据旅行主题展开联想。

（3）在旅行中可以收集一些门票、机票、火车票等旅行实物用在日志中，会产生虚实结合的灵动感。

（4）在旅行日志的标题或内容中加入自己的感悟、体验和金句，会让日志更有温度。

（5）关于板块分区，可以用图形框，也可以选择背景色块的形式，多去做不同尝试。

用一支笔记录瞬间，用一颗心记录永远，用画笔代替相机，让我们的回忆更有温度。只要你有一双善于发现的眼睛，勇敢动手，你的生活一定可以多姿多彩、充满乐趣。

7.8

成为专业视觉记录师，打造多元化职业可能

最近几年在一些线下培训或者会议的现场，经常能看到一些人，他们会在讲者分享的同时，用图文结合的方式将内容呈现在一张大纸上，看上去好像在做大型的视觉笔记，非常炫酷。

这些人有一个专业的职业名称——视觉记录师。视觉记录师的工作是在演讲、培训、会议的现场，通过聆听用视觉化的形式同步呈现出讲者所讲的主要内容，听众则可以在听讲的同时还能看到信息视觉化的过程。

视觉记录师虽然在我国还是一个新兴的职业，但是已经被越来越多的人所熟知，在一些重要的大型会议、线下工作坊、产品发布会的现场我们都会看到视觉记录师的身影。

视觉记录师的价值是什么呢？

视觉记录师在讲者与听众之间建立了快速理解的桥梁。在培训课上，我们经常会遇到没听懂或者听了就忘的情况，视觉记录师用图像与文字结合的方式呈现讲者所讲的内容，帮助听众更好地理解和记忆知识。最终完成的作品是承载着课程精华的完整大图，让听众能够看到信息的全貌，还能了解知识与知识之间的关联，更系统地进行学习。

如果你也想成为一名专业的视觉记录师，下面就请跟我一起踏进这个奇妙的世界。

7.8.1 视觉记录与即时视觉笔记的联系和区别

视觉记录其实和即时视觉笔记很像，都需要在聆听的同时呈现信息内容，有明确的时间限制，讲者的内容讲完，记录也要同步完成。

但是二者之间也有明显的区别。我们平时做的即时视觉笔记是小幅的，用于自己学习和梳理思路，在记录时可以加入自己的感悟和想法。而视觉记录通常是大幅的，要记录在一张很大的纸上或者KT板上展示给听众。甚至有的视觉记录会在iPad上进行，同步投影到会议现场的超大屏幕上供大家观看。视觉记录必须如实地重现讲者所讲的内容，不能随意添加自己的想法。

7.8.2 视觉记录的"前中后"

在很多人的眼里，视觉记录师简直是神一样的存在，因为他们要在观众的眼皮底下快速地将听到的内容进行整理，并用视觉化的方式呈现出来。你可能会想："在大纸上画图是不是更难啊？这么多人看着，怎么做到不出错？跟不上讲者的速度，画不出来怎么办？"

其实做视觉记录并非大家想象中那么困难，专业的视觉记录师有一套自己的方法，下面就带你了解视觉记录的前期、中期、后期都需要做哪些工作。

一、视觉记录的前期准备

（1）客户沟通。

视觉记录并不是毫无准备的现场创作。在记录的前期，我们要跟讲者、会议的组织者进行沟通，了解课程或演讲的目的、内容主题和大纲、会议时长等信息。

根据内容我们可以提前构思构图、颜色搭配，找一些和主题相关的视觉元素作为参考。如果想在记录中运用隐喻来表达知识点，也可以提前跟讲者沟通隐喻的使用是否恰当。

由于视觉记录师是一个新兴职业，很多客户不知道视觉记录的真正价值，一些人会认为视觉记录就是画画，成品就是现场来宾合影的道具而已。所以在前期沟通时，有必要站在客户的立场讲出视觉记录师的价值，可以建议在活动最后让视觉记录师带领听众通过作品对当天的内容进行复盘，发挥视觉记录的价值。

与客户沟通的内容还包括报价。关于视觉记录的报价，目前还没有一个统一的标准，可以评估自身能力和项目的难度来进行报价。

（2）场地了解。

做视觉记录前，我们还要对活动场地进行了解，主要看场地的大小、做视觉记录的位置，以及场地的墙面情况。

视觉记录师在现场的位置非常重要，安排在能够清晰看到、听到讲者的位置为宜。离讲者太远或者背对讲者都会增加视觉记录的难度。

了解场地墙面情况是为了判断墙面是否适合贴纸，有的场地没有足够长的墙或者墙面凹凸不平，我们就要用 KT 板、展架等载体来进行视觉记录。

（3）工具准备。

前期沟通时就要根据内容协商好纸张或 KT 板的大小，还要准备相应的画笔。如果用工程用纸进行记录，画笔就可以选择水性马克笔，但如果使用 KT 板进行记录，就要用到油性马克笔。

画笔的数量一定要准备充足，尤其是用得比较多的颜色，以防出现记录期间画笔没水的情况。

二、视觉记录的现场执行

视觉记录师需要具备出色的聆听、信息过滤、图像呈现的能力，具体的技巧跟做视觉笔记的技巧是相通的。

由于活动的主题可以提前了解，在开场前把大标题画好，能够为后面的记录争取时间。做视觉记录期间要保持高度的专注，聆听讲者讲述的内容。虽然在前期准备阶段，我们对版面布局、记录内容有提前的构想，但是在现场记录时，更多的还是靠视觉记录师的临场发挥。

记录中要特别注意不要遗漏重要的信息，写错了或者没听清的部分可以先跳过，等到休息时再去修正和补充。

三、视觉记录的后期复盘

在活动现场，所有的讲者分享结束以后，视觉记录师要站在自己的作品前，带领听众对当天的内容概要进行回顾和总结。回顾的时长控制在 10 分钟之内，由具体内容而定。

在复盘环节，视觉记录师要结合图像简单明了地概括内容要点，如果在记录中用到了隐喻，可以谈谈这个隐喻与所学知识点之间的关联，帮助听众将知识融会贯通。

7.8.3　如何成为一名视觉记录师

视觉笔记学习者勤加练习，假以时日就可以成为专业的视觉记录师，大家可以从以下 3 个方面做出努力。

一、练习做即时视觉笔记

视觉记录需要我们快速而准确地呈现信息内容，大家可以通过做即时视觉笔记进行练习，提升自己的综合能力。

比如听线上微课、知识音频或线下课程的时候，不要总是依赖于长时间的思考后再做输出，而要强迫自己边听边记。只有不断突破舒适区，才能提升记录和反应速度。关于做即时视觉笔记时的聆听技巧，可以回顾本书 3.3 节的内容。

二、尝试在大纸上做记录

当你能够很熟练地做即时视觉笔记后，就要尝试在家里的墙上贴上大纸做视觉记录。你会发现在墙上画和在纸上做视觉笔记完全是两种不同的感觉。在大纸上做记录时我们是站着的，画图时需要舒展身体，把控好图像的大小。而且在大纸上写字也是一种考验，书写速度需要更快。

当然了，你也可以自己找机会进行视觉记录的实战，比如在一些线下沙龙、线下培训课、公司的会议中，主动担任视觉记录师的角色。

三、参加专业的视觉记录课程

如果你想更快地成为一名视觉记录师，可以找到专业的机构进行系统学习，老师的现场示范和反馈都能帮助你提高学习效率。

7.9

随堂练：拿起视觉武器，解决实际问题

一、练习要求——根据需求，应用视觉笔记解决一个实际问题

把视觉笔记应用到自己的工作、生活、学习中，做一份实践输出。输出的内容根据自己的需求选择，可以将自我介绍、读书笔记、旅行日志视觉化，可以将工作中的策划案、会议纪要、总结汇报视觉化，也可以将视觉笔记应用在个人思考、企业培训、亲子沟通中，或者是你能想到的其他应用方面。

二、练习解读——关于视觉实践应用的一点忠告

我们学习任何技能，最终目的都是解决实际问题。学会做视觉笔记不仅是为了让笔记好看，更是为了掌握一种全新的思维方式。现在的你已经掌握了视觉化的思维方式，可以将视觉工具应用到工作、生活、学习的方方面面。

每个人的生活不一样，与视觉结合的应用形式自然也会不同，我就不针对实践做具体的拆解了。在视觉实践中，给你重要的一点忠告：以内容为主。

举个例子，如果你是一名培训师，想将视觉思维融入培训课程设计中做输出。你的关注点一定不要放在画多么好看的图来吸引学员的眼球上，而是要回归到教学的根本目的，考虑如何才能通过视觉这个工具，帮助学员更好地在课上进行思考，将你所传递的知识做到理解和记忆。视觉工具只是课程内容的辅助，它起到的是催化剂的作用。

其他形式的应用也是一样的，先考虑做这件事情本来的目标是什么、输出的内容是什么，再去做结合点的设计。比如我们前面学到的"视觉自我介绍""视觉策划案"等内容，都不是一上来就画，而是先明确目标，思考输出内容，然后才是视觉化的输出。视觉化一定是为内容服务的，千万不要本末倒置了。

三、课后思考——未来有哪些视觉实践应用场景

想一想，到目前为止你都把视觉工具应用到哪些场景之中、对你有什

么实际的帮助，再畅想一下未来的你还想将视觉工具应用到哪些场景中。

7.10

课后答疑：视觉思维是如何改变你的生活的

　　自从与视觉思维结缘，我的生活发生了天翻地覆的变化。刚开始只是为了练习视觉基本功，就把视觉思维应用在各种场景中。

　　因为一直在自媒体平台写作，最早就把文章中枯燥难懂的知识点用图文结合的形式画出来当成文章的配图。坚持了一段时间以后，将知识视觉化就成了我区别于其他创作者的特色标签，吸引了大量粉丝的关注，我也因此成了平台的签约作者。

　　在工作、学习和生活中，我就把视觉笔记当作自我输出的方式。无论是职场文案、培训内容、微课笔记、阅读笔记，还是个人日志，我都会用图文结合的方式输出，这对我来说不仅是练习，慢慢地视觉输出已经成了自我表达和对外沟通的一种方式。

　　通过视觉，我连接到很多同样热爱视觉思维的践行者，也结交到数不清的志同道合的朋友。因为输出了大量视觉作品，也得到了越来越多的合作机会。我相信"你若盛开，蝴蝶自来，你若精彩，天自安排。"，只要我们变得更好，就会吸引一切美好的东西来到我们的身边。

　　当然了，视觉思维的实践不是一蹴而就的事情。践行过程遵循着：练习视觉基本功—应用到各种场景中—得到反馈和益处—产生更大的兴趣学习—继续练习，这是一个正向循环的过程。先完成再完美，先做出基础版，再做升级版，在一次次迭代升级中，视觉思维会给我们带来潜移默化的影响。

后记

多久才能成为视觉笔记达人？从新手到高手的 4 个阶段

很多小伙伴都会问一个问题："视觉笔记新手到底要练多久才能成为视觉笔记高手呢？"在我刚开始接触视觉思维的时候，也很迫切地想知道这个问题的答案。

我从小就喜欢绘画，但一直都没机会深入学习，工作以后忙了就更没时间学习了。所以我最初也是一个彻头彻尾的视觉笔记新手，没有任何绘画基础。

了解到视觉笔记源自在北京的一次会议。那天会议结束后，我看到一位参会者输出的视觉笔记，一下子就被震撼到了。我对着那张用图文结合的方式记录的会议内容照片凝视了很久，爱不释手，心里想："原来绘画还能和工作、会议结合到一起。"那一刻，我像在茫茫人海中找到了真爱，决定开启视觉思维学习之旅。

人们站在起点看终点的时候，总感觉很遥远、很迷茫。现在我已经践行视觉笔记三年多了，走过一段旅程后，再回过头去看之前的道路，才能看得更清楚一些。我深深地知道对于一个视觉笔记新手来说，学习的路上一定会有挫败、不知所措的时候，所以想跟你分享一下我学习视觉思维的成长心路历程，希望能在你感到迷茫时给予你一些方向上的指引。

视觉笔记达人的炼成，会经历 4 个阶段。

第一个阶段，放飞自我。

学习视觉笔记的人大多数是由兴趣爱好开始的，所以初期会抱着享受的心态去做很多大胆的尝试，自由发挥。

在第一个阶段，不要被条条框框限制住，尽情地玩耍就好。书中虽然教给大家颜色搭配的原则、构图的模板，但不妨碍你去做其他尝试，只有多试错才能总结出一套自己的风格。

另外输出的笔记形式也可以是多元化的，不局限于做学习笔记，我们在工作和生活中遇到任何需要呈现信息的场景，都可以用视觉笔记的形式输出。

比如以前的我习惯用文字写日记，但在学习视觉笔记后就开始用图文结合的方式画日记，以至于我的日记本都快变成漫画书了，内容越来越丰富：有心情感悟，有图像化的菜谱、美食攻略，还有对电影的观影感受。

除了视觉日记，我还会用视觉笔记画出习惯清单来帮助自己做时间管理，出去旅游的时候还给客栈老板画过信息小贴士。

那段时间，我每次出门都会随身携带一个本子和一个笔袋，笔袋里会放几根黑色勾线笔和水性马克笔，无论走到哪里，有灵感就用纸笔画出来。

总之这个阶段就是要享受一种自由创作的感觉，输出多元化的视觉笔记。

第一阶段任务：用视觉元素收集本积累和练习视觉元素。

第二个阶段，迷茫挫败。

当练习一段时间的视觉笔记以后，因为会把更多的注意力放到视觉类信息上，就会接触到很多视觉笔记高手的作品。这时我们难免会拿自己的作品与他人的作品做比较，当看到自己与别人的差距时，心中就会产生焦虑感。

我确实也有过这样的阶段，有段时间我很想快速提升视觉化能力，浏览了大量国内外的优秀视觉笔记作品。之后我就觉得自己的每张作品都很糟糕，没有一张满意的。我感受到自己与高手之间的差距，这种巨大的差距和自己想要立刻变好却无法实现的现状之间形成了强烈的矛盾，一种挫败感油然而生。

那时的我也真正体会到了王小波那句话的真谛："人的一切痛苦，本质上都是对自己无能的愤怒。"需要提升的地方太多了，真的很无力。

解决焦虑的办法就是面对问题。后来我开始慢慢调整心态，把注意力从自己与别人的差距上转移到具体的练习中，与其整日否定自己，不如把宝贵的时间用于提升能力。

相信有不少伙伴跟我一样，也会经历这样一个迷茫、挫败的阶段，但是现在看来没什么不好，这个时期能够刺激我们发现自己的问题，从而想办法变得更好。

第二阶段的任务：调整心态，关注内在。

第三个阶段，精进练习。

当我们开始关注内在，就会进入一个新的阶段，把更多的心思花费在技能的提升上。

每一个知识领域的学习都不是单点突破就可以搞定的，比如想要学好演讲，不仅要克服上台的紧张感，还要学习演讲稿撰写、科学发声、肢体动作等方面的内容。视觉笔记也是如此，不是单纯地把图画好就可以了，还有其他的分支需要练习，我画了一个视觉笔记的训练框架树。

后记 多久才能成为视觉笔记达人？从新手到高手的 4 个阶段　233

要想成为一名强大的视觉思维践行者，除了学习基础知识、积累视觉元素，还要做信息提炼的练习，并多做视觉笔记实践来消化基础知识。

于是我就把视觉笔记的技能提升当作那个时期重要的大目标，然后把大目标进行拆解，制订了一个练习计划。

（1）每天阅读视觉笔记的相关书籍。

（2）每天积累 5 个视觉元素。

（3）每周通过 TED 演讲做 2 次聆听练习。

（4）每周结合工作、生活需要输出若干视觉笔记。

就这样，我每天会留出 2 ~ 3 小时完成上述的练习计划，能力水平在不知不觉中有了提升。

在这个阶段，视觉笔记的输出要专注于与工作、生活的需求相结合，我当时主要的输出形式包括以下几种。

（1）把文章的配图视觉化，发布到自媒体平台上。

（2）在训练营、社群学习中同步做视觉笔记或视觉知识卡片。

（3）工作策划案、会议纪要的视觉化。

（4）日常生活感悟的输出。

此阶段的练习相较于第一阶段的练习会更有针对性，我们要要求自己严格遵守视觉笔记的聆听、提炼信息、结构思考、颜色搭配、版式构图的各项原则，做得不好的地方就做复盘总结，然后在下一次输出中积极改进。随着作品数量的增加，视觉笔记的系统输出能力也会大大提升，我们的自信心自然就回来了。

第三阶段的任务：把视觉笔记的练习进行拆解，分摊到每周甚至每天，将问题逐个击破。

第四个阶段，享受收获。

付出在哪里，结果就在哪里。很多时候尽管我们没有想得到太多的结果，但用心付出会让机遇自己找上门来。

我在 2018 年年底参加了"秋叶商学院写作特训营"，每节课的内容都会输出一张视觉知识卡片帮助自己和他人记忆知识点，由此连接到了秋叶老师，才有机会成为 7 堂课系列书籍的插画作者。

我身边的很多视觉思维践行者，也是因为将视觉思维与工作、学习、生活相结合收获到以前想象不到的资源和合作机会，比如签约自媒体平台、成为公司内部践行视觉思维的佼佼者、开启视觉思维分享、与社群中的名人建立合作等。

我的感受是，要无比珍惜每一次视觉笔记的实践机会。大多数职场人平时工作很忙，能挤出做自己喜欢的事情的时间非常有限。《刻意练习》这本书中提到过，职场人可以把工作本身变成练习，在工作中边干边学。

这是很好的学习策略，比如把工作中的会议纪要用视觉化的形式输出，并用邮件发送给所有的参会人，帮助大家回顾会议成果。这既是一次很好的练习，又展示了自己的视觉化能力，同时还能得到大家的即时反馈。在这种不断的反馈、改进中，我们的进步会相当快。

处在这个阶段的视觉笔记践行者已经趋向于专业化了，希望大家保持自己学习视觉笔记的"初心"，时刻充满热情和创新的精神。我们可以再次放飞自我，就像又回到第一个阶段那样，不受思维与惯性的约束，去拥抱更广阔的空间。

第四阶段的任务：用心做好每一次视觉笔记的实践，不断开拓创新。

这 4 个阶段可以说是一个循环，先放开再收紧再放开，我们在不断的践行中探索更高的目标成为更好的自己。

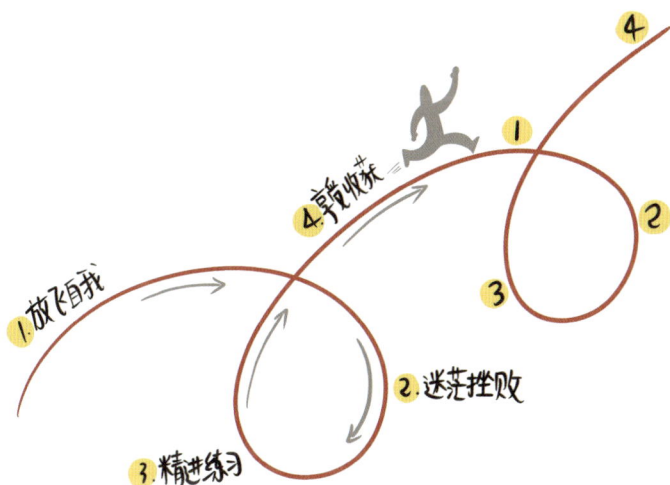

至于多久才能成为视觉笔记高手的问题其实并没有一个确切的答案。在精进自我的道路上，我们都希望有一个成功的"按钮"，一按下它生活就能瞬间变得不一样。一些学习者会把买了书、听了课当作那个成功的"按钮"。但那似乎是电影中才会有的情节，现实中没有神奇的"按钮"，只有日复一日的练习。练得越多，水平就越高，就是这么简单。

秋叶老师在《高效学习 7 堂课》中提到过一个技能学习的阶梯：入门只需要 100 小时；熟练只需要 1000 小时；精通只需要 3000 小时；专业大概需要 10 000 小时。

对于绝大多数的技能，我们不需要达到专业级别，普通人只要达到熟练的程度就足以满足工作和生活的需要。你可以对照这个技能的阶梯和实际情况来合理分配时间。

不论你现在处在哪个阶段，都要相信自己可以做得更好，请尽情享受这场视觉思维的蜕变旅程吧。